Katarina Michel: Der Mutigen gehört die Welt

W0048937

Katarina Michel

Der Mutigen gehört die Welt

Ein Ratgeber für Frauen,
die ihr Leben in die eigenen Hände nehmen wollen

Aquamarin Verlag

Deutsche Originalausgabe
2. Auflage 2009
© Aquamarin Verlag GmbH
Voglherd 1 • D-85567 Grafing
www.aquamarin-verlag.de

Umschlaggestaltung: Annette Wagner

Druck: Bercker • Kevelaer

ISBN 978-3-89427-478-8

Inhalt

Vorwort

Dieses Buch kann Ihr Leben ändern! Sobald Sie anfangen zu lesen, beginnt sofort der große Wandlungsprozess, der Ihre verborgene Schönheit ans Licht bringt. Lassen Sie mich dieses Geschehen am Beginn dieses Buches erklären; und lassen Sie sich dann überraschen von den vielen Einsichten, welche Ihnen die folgenden Seiten schenken werden.

Die Aufforderung unserer Zeit lautet: „Werde Du selbst; denn nur so kannst Du Deine innere Schönheit offenbaren!" Immer dringender ergeht dieser Ruf an jeden von uns. Er erklingt nicht nur aus der Außenwelt, etwa aus den Medien oder von uns wichtigen Personen, sondern vor allem entspringt er unserem eigenen Inneren. In unserem Herzen erschallt immer lauter jene kräftige Stimme, die uns auffordert, unser eigenes Wesen zu enthüllen: „Werde Du selbst!"

Wie versuchen Frauen in unserer Zeit, mit dieser Aufforderung umzugehen? Jahrhunderte lang waren sie „nur" Mütter und Ehefrauen, die ihren Männern dienten und diesen mehr oder weniger unterworfen waren. Ihre Selbstbestimmung leitete sich mehr oder weniger von ihrem Ehemann und von ihren Kindern her. Sie waren nicht mehr wirklich sie selbst, sondern die Frau von Bauer Müller oder von Hufschmied Mayer. Sollten sie dann unglücklicherweise keine Kinder bekommen, war es mit ihrer gesellschaftlichen Identität noch schlechter bestellt.

Hier beginnen sich in unserer Zeit entscheidende Veränderungen abzuzeichnen. Die Frauen entwickeln ein immer stärker ausgeprägtes Selbstbewusstsein. Sie entfalten ihre Identität und werden selbstständig. Sie werden sie selbst; und sie sind zuerst einmal FRAU! Wenn sie sich entscheiden, eine Beziehung mit einem Mann einzugehen, dann geschieht dies heute in den überwiegenden Fällen aus der eigenen Entscheidung der Frau heraus. Sie wählt sich ihren Partner; und sie entscheidet auch, ob sie Kinder haben will oder nicht. Die zurückgehende Kinderzahl scheint mir auch ein Indiz dafür zu sein, dass Frauen heutzutage zuerst einmal darum bemüht sind, ihr eigenes Wesen zu finden und auszudrücken. Kinder können darin eine Rolle spielen, müssen es aber nicht.

Wenn nun Frauen in dieser Zeit den geistigen Impuls verspüren, zuerst einmal ihre Selbstverwirklichung in den Vordergrund zu stellen, dann hat dies selbstverständlich auch einen nachhaltigen Einfluss auf die Männerwelt. Wenn die Frauen sich verwandeln, müssen sich auch die Männer verändern! So wie die Frauen ihr Augenmerk darauf richten, ihren eigenen Wesenskern zu entdecken und zu entfalten, ohne sich noch länger über ihre Rolle als Ehefrau von .... zu definieren, so müssen auch Männer verstärkt nach ihrem inneren Wesenskern suchen, denn sie können sich nicht mehr über ihren Beruf oder als Ehemann von .... definieren. Man bekommt bei einer sorgfältigen Beobachtung dieser Geschehnisse den Eindruck, dass der ganze Prozess vorrangig von den Frauen initiiert und gestaltet wird. Es sind die Frauen, welche die gesamte Menschheit in einen großen Transformationsprozess führen. Diese Tatsache zeitigt natürlich immense Auswirkungen auf uns Männer.

Obwohl dieses Buch von Katarina Michel vorrangig für Frauen geschrieben ist, hat es auch mich als Mann nachhaltig beeindruckt. Wir können auch als Männer in diesen Kapiteln viel über uns selbst erfahren und über die anstehenden gesellschaftlichen Veränderungen. Die Fragen, mit denen sich viele Frauen in den nachstehenden Fallbeispielen beschäftigen, sind ja allgemein menschliche Fragen, auch wenn sie aus der Beziehungsproblematik heraus gestellt werden. Es sind Fragen, die Männer und Frauen gleichermaßen bewegen – weshalb dieses Buch auch ein wertvolles Hilfsmittel für männliche Leser sein kann. Außerdem sollten wir Männer daran interessiert sein zu verstehen, was Frauen erleben und wie sie die zurzeit ablaufenden Prozesse und gesellschaftlichen Veränderungen deuten.

Katarina Michel gibt in diesem Ratgeber den Frauen zahlreiche praktische Hinweise, um den Prozess der Selbstfindung erfolgreich zu gestalten. Es sind wertvolle Ratschläge für Frauen, die inzwischen unüberhörbar spüren, dass auch für sie die Zeit gekommen ist, um Veränderungen herbeizuführen, ihre eigene Kraft zu entdecken und ihre verborgene Schönheit neu nach außen zu bringen. Es geht darum, Vertrauen in die eigenen Fähigkeiten zu gewinnen und den Mut zu haben, sie zu zeigen. Das beste Lehrbuch dafür ist – das LEBEN. Das konkrete, alltägliche, sich jeden Morgen neu zeigende Leben stellt die beste Herausforderung dafür dar, sich selbst zu finden, sich von alten Rollenmodellen zu befreien und das zu leben, was man als innerliche Wahrheit empfindet.

Die vielen kleinen und großen Herausforderungen des Lebens beschreibt Katarina Michel so zauberhaft einfach und leicht, dass es eine Freude ist, ihr Buch zu lesen. Die Zusammenhänge, die verborgenen Prägungen und das oft unbewusste Anhaften an alten Mustern werden so transparent und laden zu Veränderungen ein: Und zwar sowohl Frauen als auch Männer! Manchmal werden bei der Lektüre Dinge und Sachverhalte klar, dass man sich wundert, warum sie einem nicht früher schon aufgefallen sind. Wenn man dann den vielen einleuchtenden Hinweisen der Autorin folgt, kommt man allmählich auf die Spur seiner eigenen Geschichten und erkennt, warum man zu dem Menschen geworden ist, der man ist. Man stellt sich beim Lesen immer wieder die Frage: „Was hat Dich eigentlich zu diesem und jenem Verhalten geführt?"

Wenn man den vielen Anregungen dieses Ratgeber-Buches Folge leistet, begibt man sich ganz allmählich auf einen neuen Lebensweg – einen Weg der Einsicht, der inneren Verwandlung und der stillen Freude. Jede Frau (und vielleicht auch jeder Mann) beginnt zu spüren, dass hinter ihrer oft allzu alltäglichen und von Routine bestimmten Lebenssphäre vielleicht noch eine andere, höhere, göttliche Wirklichkeit darauf wartet, entdeckt zu werden. So beginnt der Verwandlungsprozess vom kleinen Ego zum höheren Selbst. Jede kleine Lektion des Alltags, wenn sie bewusst angenommen wird, stellt einen Schritt auf dem Weg zu jener größeren Wirklichkeit des geistigen Wesens, des höheren Selbst, dar.

Anhand vieler Einzelbeispiele macht Katarina Michel deutlich, durch welche Stationen jede Frau auf diesem Weg des geistigen Wachstums hindurchgehen muss. Dazu gehört es auch und vor allem, sich von vielen vertrauten und vielleicht sogar liebgewonnenen Illusionen zu befreien. Sie zeigt konkret auf, welche Schritte zur Überwindung jener Illusionen hilfreich sein können. Und nach den Illusionen kommen die vielen offenen und verborgenen Ängste oder die Schuldgefühle, die gerade Frauen noch immer in ihrem zwingenden Griff halten. Sobald eine Frau beginnt, etwas für sich selbst zu tun, klagt die „Stimme der Schuldgefühle": „Du bist zu egoistisch. Denke doch einmal an Deine armen Kinder. Und was ist mit Deinem fleißigen Ehemann? Glaubst Du wirklich, Du bist eine gute Partnerin oder Ehefrau?" Sie kann unerbittlich sein, diese schreckliche „Stimme der Schuldgefühle"! Hier zeigt Katarina Michel Auswege auf, um sich von diesen unnötigen, überflüssigen und jedes Wachstum blockierenden Schuldgefühlen zu befreien. Es gibt gute und hilfreiche Wege, um sich aus dieser Falle frei zu machen und zu sich selbst zu finden, zu den verborgenen Kraftquellen im eigenen Inneren. Aus dem eigenen Herzen heraus erfolgt die Veränderung – und dieses Buch zeigt die Wege dorthin auf. Daher ist dieser Ratgeber so hilfreich, weil er Ihnen hilft, Ihr Leben definitiv und anhaltend zu verändern. Doch seien Sie vorsichtig: Lesen Sie dieses Buch nur, wenn Sie sich wirklich verändern wollen!

Als ich das Buch von Katarina Michel zum ersten Mal las, kam es mir vor, als würde ich in einen Spiegel blicken. Ein Spiegel, in dem ich mich selbst sah. Ein Spiegel, in dem ich mich so sah, wie mich wahrscheinlich auch meine Freunde, Familienmitglieder und Lebenspartner sehen dürften. Es ist eine der besonderen Stärken dieses Buches, dass es vor allem die Ebene der Beziehungen in packender Art und Weise aufgreift. Dabei geht es nicht nur um die anstehenden Veränderungen im täglichen Zusammenleben, sondern die Autorin schildert einen radikalen Umbruch im Wesenskern der Menschen. Es geht nicht nur um Gleichberechtigung, sondern um das Bewusstsein einer neuen Tiefendimension im Zusammenleben zwischen Frauen und Männern. Beziehungen waren und sind die wohl größte Quelle für menschliches Leid; darum sind sie auch die Keimzellen für den großen Umbruch des menschlichen Bewusstseins. In Beziehungen können wir die tiefste Dunkelheit und das strahlendste

Licht erleben. Katarina Michel zeigt neue Wege auf, um mittels der zwischenmenschlichen Beziehungen das Dunkle in das Licht zu verwandeln. Je tiefer wir das Geheimnis von Beziehungen verstehen, desto leichter fällt uns diese Umwandlung. Ihre Fähigkeit, Beziehungs-Chaos in Beziehungs-Schönheit zu verwandeln, macht in meinen Augen den ganz besonderen Wert dieses Buches aus.

Man bemerkt bei der Lektüre dieses Buches auch, dass Frau Dr. Michel eine ausgebildete Aura-Soma-Beraterin ist und viel über das Geheimnis der Farben weiß. Farben haben nicht nur einen tiefgreifenden Einfluss auf unser Wohlbefinden, sie sind auch ein Spiegel unserer Persönlichkeit. Ausgehend von dieser Erkenntnis, schildert das Buch, was unsere Lieblingsfarben über uns enthüllen. Zudem enthält es Übungen, wie wir auf einfache Weise etwas über uns selbst, über unsere Lebenspartner oder unseren Freundeskreis lernen können. Die verschiedenen Übungen sind nicht schwierig, sondern vermitteln auf spielerische Weise Einsichten, deren Tiefe man manchmal erst auf den zweiten Blick erkennt. Um das Geschenk, das die Autorin mit diesem Buch ihren Leserinnen überreicht, optimal nutzen zu können, sollten Sie sich die spielerische Leichtigkeit Ihres Herzens bewahrt haben; dann können Sie kaum einen besseren, leichteren und fröhlicheren Schlüssel finden, um sich selbst und ihre Mitmenschen zu erkennen.

Mich erinnert dieses Buch an ein Haus, in dem man sich sehr wohl fühlt, das einem vertraut ist und in dem man gerne von Zimmer zu Zimmer wandert. Überall gibt es etwas Besonderes zu sehen. In jedem Zimmer erwartet einen eine neue Einsicht, eine neue Erkenntnis oder eine gänzlich unerwartete Überraschung. Da gibt es ein romantisches Zimmer, in dem eine Frau etwas über ihre Sexualität erfahren kann; wie etwa ein Orgasmus zur Grundlage für einen wichtigen geistigen Entwicklungsschritt werden kann. Dann gibt es ein rotes Zimmer, in dem man schonungslos mit den Folgen der eigenen Eifersucht konfrontiert wird; aber auch Möglichkeiten entdeckt, wie man diese dunkle Kraft umzuwandeln vermag. Und am Ende des Rundganges gelangt man in ein „Spiegel-Zimmer", in dem zwanzig Spiegel hängen – und bei jedem Blick in einen der Spiegel entdeckt man einen neuen Aspekt von sich selbst.

Mit ihrem Buch hat Katarina Michel Ihnen, ihren Leserinnen und Lesern, ein Geschenk überreicht, das Ihr Leben tiefgreifend verändern kann. Aber seien Sie achtsam: „Sobald Sie beginnen zu lesen, fängt der Umwandlungsprozess bereits an!" Wenn Sie dieses Buch also ernsthaft zur Hand nehmen, beginnen Sie, mit der Autorin auf eine Entdeckungsreise zu gehen.

Wollen Sie sich selbst kennenlernen? Wollen Sie in Verbindung mit Ihrer wahrhaften Lebenskraft kommen? Wollen Sie die Freude entdecken, endlich aus Ihrer eigenen Kraft heraus zu leben und sich aus der Abhängigkeit von anderen Menschen zu befreien?

Dann lesen Sie dieses Buch!

Hans Stolp

Einleitung

Es gibt noch immer vieles, was man nicht in der Schule oder in einem Wochenendkurs lernen kann. Selbst ein Hochschulstudium oder die gutgemeinten Ratschläge der besten Freunde helfen nicht weiter. Das, von dem wir nachfolgend sprechen wollen, lernt man nur in der SCHULE DES LEBENS. Es ist eine Schule, in der man die einzige Schülerin ist. Es ist ein Lernen in absoluter Stille; denn man ist nicht nur die Schülerin, sondern zugleich auch die Lehrerin. Kein Lehrer oder Therapeut kann in dieser Situation helfen; denn alle Lernprozesse, die zugleich Transformationsprozesse sind, muss man mit sich allein ausmachen, muss sie ohne fremde Hilfe durchlaufen.

Wenn man dies berücksichtigt, dann wird deutlich, dass dieser kleine „Ratgeber" kein „How-to-do-Buch" sein kann, das die „Zwanzig Glücksregeln" enthält, um schön, reich, gesund und glücklich zu werden. Ganz im Gegenteil: Es soll als Spiegel dienen, um den manchmal schwierigen, schmerzvollen und dornenreichen Weg zu sich selbst zu beschreiten. Es ist der Weg zur eigenen Kraft, zu wahrer innerer FREIHEIT und letztlich zur LIEBE.

Über Jahrhunderte sind Frauen unterdrückt worden – von ihren Männern, von der Kirche und von der Gesellschaft. Dieses „Unterdrückungsfeld" hat mittlerweile eine solche geistige Kraft gewonnen, dass bestimmte Verhaltensmuster schon als so 'normal' gelten, dass viele Frauen sie gar nicht mehr als Unterdrückung wahrnehmen. Hier kann es zu einem aufrichtigen Erschrecken kommen, wenn bestimmte Strukturen plötzlich erkannt und schonungslos durchschaut werden. Doch dieser Prozess ist unumgänglich, um zu einem wirklich freien und selbstbestimmten Leben zu finden. Ein Leben, das es allein wert ist, gelebt zu werden.

Aus zahlreichen Beratungsgesprächen weiß ich, wie schwer es vielen Frauen fällt, sich von alten Mustern und Prägungen, von partnerschaftlichen oder familiären Zwängen zu befreien. Doch es gibt kein Zurück mehr! Der Weg führt nur nach vorne! Zum Glück gibt es einen wundervollen Helfer, der auch dieses Buch entscheidend inspiriert hat. Dieser Helfer heißt MUT. Dieser Helfer, gleichsam der Engel in silberner Rüstung an Ihrer Seite, wartet nur darauf, dass Sie ihn bitten, auch für Sie in den Kampf zu ziehen. Er ist IHR Mut, Ihr alleiniger und unerschütterlich treuer Helfer und Wegbegleiter. Seine einzige Botschaft an Sie lautet: DER MUTIGEN GEHÖRT DIE WELT!

Wenn die nachfolgenden Kapitel Ihnen helfen sollten, um in Kontakt zu kommen mit diesem „Engel in silberner Rüstung", der in Ihnen wohnt, dann hätte dieses Buch auf vollkommene Weise seine Bestimmung erfüllt. Es würde mich sehr freuen!

Licht und Freude auf den Weg!

Katarina Michel

1.

Wer bin ich ?

Diese Frage hat seit Jahrhunderten alle großen Philosophen und Weisen der Menschheit beschäftigt – darunter waren übrigens einige großartige Frauen! Sie alle haben mehr oder weniger tiefsinnige Antworten darauf entwickelt; doch wenn man sich selbst ehrlich und ernsthaft befragt, dann bleiben diese Antworten relativ bedeutungslos für das eigene Leben. Das hängt zum einen damit zusammen, dass Antworten von Männern nicht unbedingt für Frauen dienlich sind; zum anderen damit, dass diese Antworten abstrakt oder zeitgebunden sind und wenig Bedeutung für die modernen Frauen des 21. Jahrhunderts haben. Als dritter Grund ließe sich noch anführen, dass es allen Antworten an Ehrlichkeit und Klarheit fehlte sowie an dem MUT, das Ungewöhnliche zu denken und das Außergewöhnliche zu tun. Wer sich einer hilfreichen Antwort auf diese Frage nähern will, muss sich vorbehaltlos und bis auf die Knochen ehrlich so anschauen, wie er wirklich ist – nicht so, wie er gerne sein möchte.

Viele Frauen begehen zwei entscheidende Fehler: Sie tragen ein falsches Selbstbildnis mit sich herum, indem sie ihre eigenen Kräfte, Möglichkeiten und Talente *unter*schätzen oder *über*schätzen. Beides ist gleich schlecht!

Eine Frau, die ihre eigenen Kräfte überschätzt, setzt sich selbst permanent einer enormen Spannung aus, indem sie sich sagt, sie müsse dieses oder jenes schaffen oder müsse diese oder jene Aufgabe schneller und besser als andere vollbringen. Diese Vorgehensweise erzeugt einen geradezu selbstzerstörerischen Stress. Die eigenen Kräfte werden ständig bis zum Äußersten strapaziert, zumal in der Regel die mit letzter Energie verwirklichten Ziele beim nächsten Mal noch um eine Stufe nach oben angehoben werden. Es liegt auf der Hand, dass dieser Weg in eine Sackgasse einmünden muss.

Eine Frau, die ihre eigenen Kräfte unterschätzt, traut sich einerseits zu wenig oder gar nichts zu und sucht daher, um ihr Selbstwertgefühl zu erhöhen, ständig nach Lob und Anerkennung aus ihrer Umgebung, von Partnern, Freunden oder Kollegen. Da kann schon eine positive Bemerkung über den neuen Rock den ganzen Tag retten. In dem Augenblick, wo eine Frau erkennt, dass ihre Selbsteinschätzung und ihre innere Selbstachtung gänzlich auf solchen weitgehend unbedeutenden Äußerlichkeiten aufgebaut ist, kommt es nicht selten zu einer dramatischen Krise oder gar zu einem völligen Zusammenbruch. Beides ist ausgesprochen hilfreich! Auf dem Erwachen und Erkennen des IST-Zustandes lässt sich aufbauen. Nur wenn die Bestandsanalyse ehrlich ist, kann etwas Neues geboren werden.

Es kann kein Zweifel daran bestehen, dass die Voraussetzungen für diesen Zustand, der die meisten Frauen der westlichen Gesellschaften – und noch viel mehr jene der außereuropäischen Kulturen – betrifft, in vielen Jahrhunderten geschaffen wurden. Bereits ein kurzer Blick in die Geschichte – von Paulus über die Hexenverfolgung bis zum Schweizer Frauenwahlrecht – lässt in unzähligen Fällen erkennen, in welchem unvorstellbaren Ausmaß Frauen in ihren Rechten beschränkt wurden. Die bisherigen Auseinandersetzungen der modernen Emanzipationsbewegung haben sich, was ihren Wert in keiner Weise schmälert, nur mit den äußeren Faktoren befasst. Da die meisten Vorkämpferinnen für die Rechte der Frauen nicht unbedingt „spirituell" interessiert waren, ist ihnen gar nicht in den Sinn gekommen, es könne auch eine „innere Dimension" dieses Befreiungsprozesses geben. Erst allmählich setzt sich die Einsicht durch, dass es auch „Energiefelder" und „Gedankenformen" gibt, die das Rollenverhalten der Frauen aus einer anderen Wirklichkeitsebene aus mitbestimmen. Wirkliche Befreiung geht für die moderne Frau also nicht nur mit einer äußeren, gesellschaftspolitischen Emanzipation einher, sondern vor allem mit einer Befreiung von inneren Mustern und Prägungen. Eine Frau, die sich zwar äußerlich von Familienzwängen befreit hat, aber innerlich noch darunter leidet – in Form eines aufgezwungenen 'schlechten Gewissens' – ist nicht wahrhaft frei.

Eines der besonders prägenden Felder ist das sogenannte „Schutzfeld". Es suggerierte den Frauen über viele Jahrhunderte hinweg, sie seien nicht in der Lage, ohne männlichen Schutz zu überleben. Der Mann galt als Ernährer und Verteidiger – und ohne ihn war das Leben der Frau einer ständigen Bedrohung ausgesetzt. Diese Vorstellung mag vielleicht in der Steinzeit oder in Stammeskulturen berechtigt gewesen sein, mit der Wirklichkeit der westlichen Frau im 21. Jahrhundert hat sie nichts mehr gemein. Eine Frau, die heute noch nach diesem „Schutzfeld" sucht, verrät ihre eigene Kraft und Selbstständigkeit. Sie begibt sich in eine Abhängigkeit, die ihr in erheblichem Maße ihre eigene Kraft und ihre Würde raubt – und zwar nicht nur in ihren eigenen, sondern auch in den Augen des Mannes! Wer sich immer wieder selbst sagt: „Ich schaffe es allein nicht!" – der wird es auch nicht schaffen. Dabei liegt der entscheidende Fehler nicht einmal bei den „bösen Männern", sondern bei den Frauen selbst, die jenes alte „Schutzfeld" noch immer speisen und damit sich selbst (und allen anderen Frauen!) die Kraft entziehen. Es ist von nicht zu überschätzender Bedeutung, dass sich die moderne Frau ohne jeden Zweifel klar macht, dass sie das Recht, die Kraft und die Möglichkeiten hat, ihre Leben selbstbestimmt und frei zu leben.

Selbstbestimmung bietet die Wahl, in jeder einzelnen Situation „Ja" oder „Nein" zu sagen. Wer sich selbst kennt und weiß, welchen Weg er beschreiten will, setzt gegebenenfalls mit einem „Nein" auch keine negative Energie in die Welt, sondern beschreibt klar und unmissverständlich die eigene Grenze. Es geht darum, deutlich zu machen, was „meine Pläne" und welches die Vorstellungen der „anderen" sind.

Eine Frau, die sich auf den Weg zu sich selbst begibt, muss die Brille von ihren Augen nehmen, gleichgültig ob diese grüne, rote oder blaue Gläser aufweist. Es gilt, die Augen zu schließen und nach innen zu lauschen. Was sagt der Körper? Was sagt die Seele? Welche Inspiration kommt vom eigenen geistigen Wesenskern?
Die Antwort gibt dann nicht mehr die Ehefrau, die Mutter, die Geliebte, die Arbeitslose oder die Managerin; sondern die Antwort gibt das wahre ICH BIN.

Wenn ich weiß, wer ich bin, kann ich darüber nachdenken, was ich will!

2.

Was will ich ?

Es scheint für viele Menschen gleich schwer zu sein, auf diese Frage eine Antwort zu geben wie auf jene des ersten Kapitels. Das hängt natürlich mit dem Umstand zusammen, dass wir in einer Zeit leben, in der es eine schier unüberschaubare Auswahl an Möglichkeiten gibt, um sein Leben zu gestalten.

Es gibt eine tiefsinnige buddhistische Weisheit, die besagt, dass die Probleme des Menschen weitgehend an drei Schwierigkeiten hängen, die alle mit dem Willen zu tun haben:

1) Der Mensch will etwas haben, was er nicht bekommen kann.
2) Der Mensch bekommt etwas, was er nicht haben will.
3) Der Mensch weiß häufig nicht einmal genau, was er haben und was er nicht haben will!

Um diese Probleme zu lösen, ist es erforderlich, sich von vielen liebgewonnenen oder bis zum heutigen Tag nicht wahrgenommenen Illusionen zu befreien. Der erste Schritt dazu besteht in einer nüchternen, realistischen Schau auf die Wirklichkeit des eigenen Lebens. Diese wird in der Regel durch vier Themen verstellt: Durch unreflektierte Wünsche, durch irreale Träume, durch unangemessene Erwartungen und durch unerlöste Traumata aus der Vergangenheit. Es erfordert Mut, sich diesen Themen vorbehaltlos zu stellen – wobei bereits die Arbeit mit einem der vier eine große Herausforderung sein kann.

Wenn man in der Lebensberatung mit Frauen arbeitet, hört man sehr oft die folgende Aussage: „Ich spüre, dass ich in meinem Leben etwas ändern müsste – aber ich weiß nicht wirklich, was es ist. Im Grunde geht es mir gut, und ich habe alles, was ich benötige. Doch eigentlich ist es nicht das, was ich wirklich will!" Diese ungesunde Situation führt in der Regel zu einer inneren Verwirrung, die sich schnell zur Verzweiflung steigern kann. Das löst dann noch größere Verunsicherung und Enttäuschung über die „Ungerechtigkeit des Lebens" aus. Betrachtet man das aus einer inneren Sichtweise heraus, so erkennt man unschwer, wie viel Kraft die Einzelne in diesem Prozess lässt. Eine Kraft, die eigentlich benötigt würde, um einen konstruktiven Weg einzuschlagen. Es wäre also dringend erforderlich, sich aus diesem Gefängnis falscher Vorstellungen, Wahrnehmungen und Projektionen zu befreien.

Der Hauptschlüssel zur Lösung dieser Situation besteht in der Unterscheidung zwischen der eigenen (inneren) Wirklichkeit und jener, die von außen vorgegeben wird. Erst wenn man erkennt, auf welche dramatische Weise sich die eigenen inneren Pläne und die Vorgaben aus Familie und Gesellschaft unterscheiden, kann eine Veränderung beginnen. Das kann durchaus erfordern, sich von der Vorstellung zu lösen: Wenn es alle so machen, wird es schon richtig sein. Muss es nicht! Es mag ja für manche oder sogar für viele richtig sein – aber nicht für Sie! Haben Sie den Mut, sich gegebenenfalls gegen eine überwältigende Mehrheit von Familienmitgliedern, Freunden und gesellschaftlichen Gruppen zu stellen? Es geht dabei um nichts weniger als um IHR LEBEN! Sie erkennen möglicherweise, dass Sie in einem

Gefängnis – und sei es ein Goldener Käfig – sitzen, aus dem Sie ausbrechen müssten.

Beginnen Sie damit, jene Einstellungen oder Tätigkeiten zu überprüfen, die Sie schon immer besessen oder immer ausgeführt haben. Schreiben Sie diese auf ein Blatt und ergänzen dahinter: „Stimmt für mich" oder „Stimmt für mich nicht". Sie können auch die Worte wählen: „Ist auch meine Überzeugung" oder „Ist nur die Meinung von ... ; aber nicht meine eigene".

In den meisten Fällen sind „die anderen" Mitglieder der eigenen Familie oder des engsten persönlichen Umfeldes. Inzwischen nimmt aber ein zweiter Bereich einen immer größeren Stellenwert ein – die Medien. Fernsehen, Zeitschriften und inzwischen das Internet geben vor, was das Idealgewicht, die Idealdiät, der Idealpartner, die Idealbeziehung oder der Idealberuf ist. Wenn Sie hier nicht achtsam sind, übernehmen Sie unbewusst in kurzer Zeit Vorgaben, die möglicherweise überhaupt nicht mit Ihren eigenen inneren Vorstellungen übereinstimmen. Sie kopieren nur, was in der Gesellschaft (die Gesellschaft sind Sie!!) als „in" als „anerkannt" oder als „trendy" gilt. Dahinter stehen meist handfeste wirtschaftliche Interessen bestimmter Konzerne, die dafür gut bezahlte Journalisten in der Medienwelt nutzen, um große Umsätze zu machen. Es genügt, die rasend schnell wechselnden „Trends" zu beobachten, um zu erkennen, wie viel Gaukelei im Spiel ist und wie wenig Substanz. Wer jeden Trend mitmacht und jede Mode aufgreift, wird eines Tages beim Blick in den Spiegel die Frage stellen: „Welches ist eigentlich mein Gesicht und mein Stil?" Diese Frage kann ein heilsames Erwachen auslösen.

Es gibt natürlich genauso häufig Situationen, in denen eindeutig geklärt ist, welche Absicht man hat und was man gerne verwirklichen möchte. Das Beispiel einer jungen Mutter von zwei Kindern, die halbtags berufstätig ist, kann das anschaulich erläutern.

Diese sehr aktive Frau arbeitete in der Zeit, in der ihre Kinder in der Schule waren. Nachmittags widmete sie sich der Hausaufgabenbetreuung, nachdem sie die Beschwerden über die „Scheißschule" und das „blöde (weil nicht McDonalds-konforme) Mittagessen" klaglos ertragen hatte. Nach diesem an sich schon sehr anstrengenden Programm stand abends das „normale Familien- bzw. Ehe-Leben" an. Wo blieb da die Zeit für Sie? Sie wollte schon seit längerem einen Entspannungs- oder Yoga-Kurs besuchen; doch diese lagen entweder in den Vormittags- oder in den Abendstunden. Das eine ging aus beruflichen, das andere aus familiären Gründen nicht. Sie zögerte, mit ihrem Mann darüber zu sprechen, ob er bereit sein würde, an einem oder zwei Abenden auf ihre Anwesenheit zu verzichten und sich um die Kinder zu kümmern. Einerseits befürchtete sie seine wahrscheinliche Ablehnung; andererseits ließ sie das Modell ihrer Mutter zur Auswirkung kommen, welche die Ansicht vertreten hatte, dass eine Mutter sich „halt für die Kinder opfern müsse". Eine klassische Antwort im Familiengespräch zwischen Mutter und Tochter. Die Antwort könnte auch gelautet haben: „Wir sind doch auch ohne diesen neumodischen Selbstverwirklichungskram ausgekommen und waren glücklich!" Waren die Mütter vor dreißig oder vierzig Jahren wirklich glücklich? Sind diese Antworten nicht in Wahrheit gewaltige, noch immer nicht bearbeitete Illusionen? Und selbst wenn es so gewesen sein sollte: Die Zeiten haben sich geändert! Eine Frau, die ihre eigenen Interessen und Neigungen für ihren Mann und ihre Kinder „opfert", wird heutzutage immer schneller an jenen toten Punkt kommen, an dem sie erkennt, dass sie so nicht weiterleben kann. Ihre Familie kann nicht glücklich sein, wenn sie unglücklich ist!

An dieser Stelle ist vielleicht ein Hinweis angebracht, um Willensstärke von Eigenwillen (sprich Egoismus) zu unterscheiden. Es geht bei der Verwirklichung eines berechtigten inneren Anliegens nicht darum, nach dem Motto zu leben: „Ich mache nur, was ich will, alles andere ist mir egal!" Es geht vielmehr um Authentizität und um die Verwirklichung der eigenen inneren Wahrheit. Diese kann dann allerdings im Konflikt mit anderen 'Wahrheiten' stehen, etwa jener des Ehemannes oder Partners, der allen Ernstes der Meinung ist, seine Frau habe jeden Abend für die Kinder da zu sein. In diesem – nicht sehr seltenen Fall – gilt es, eine „friedvolle Kriegerin" zu werden und klar und unmissverständlich für die eigenen (berechtigten!) Ansprüche einzutreten! Noch einmal: Die klare, aufrichtige und unverblendete innere Wahrheit ist etwas völlig anderes als irgendeine Wunschvorstellung, die aus der Medienwelt oder dem eigenen Umfeld kritiklos vorgebetet wird. Es geht um Wahrhaftigkeit oder um Illusion. Die Kunst besteht darin, das eine vom anderen zu unterscheiden.

In einer reizüberfluteten Gesellschaft ist es sicher nicht immer einfach, die zarte „innere Stimme" zu vernehmen, die wahrhaftig für die eigene Seele spricht. Es wäre daher für jede Frau, auch wenn sie beruflich und familiär extrem eingespannt ist, absolut unverzichtbar, sich an jedem Tag einige Minuten der Stille zu gönnen. Dazu ist es hilfreich, einen geeigneten Platz zu schaffen. Ideal wäre ein eigener Meditationsbereich, aber auch ein kleines „stilles Eckchen" im Schlafzimmer kann schon ausreichen. In diesen Momenten der Ruhe kann dann wirklich ein „Lauschen nach innen" erfolgen, ein Hören auf die leise Botschaft der Seele. Nur so kann die dritte buddhistische Lehre von der „Kunst der Unterscheidung" umgesetzt werden.

Wer auf die innere Stimme hört, wird wissen, was er wirklich will. Er gewinnt eine Klarheit, die zweierlei positive Effekte auslöst: Erstens beseitigt sie alle Zweifel über die eigenen Absichten; und zweitens schenkt sie eine innere Kraft, die es ermöglicht, das als die eigene Wahrheit Erkannte auch zielstrebig umzusetzen. Viele große spirituelle Lehrer haben immer wieder auf die große Bedeutung der „inneren Ordnung" hingewiesen, wobei es natürlich nicht um eine extrem ausgeprägte Räum- und Putztätigkeit geht. Vielmehr schenkt innere Ordnung einen unverstellten Blick auf die Innen- wie auch auf die Außenwelt. Damit einher geht eine mächtige Energie, die man nicht nur selbst spürt, sondern die auch von der Umwelt wahrgenommen wird. Wenn dann also der abendliche Yoga-Kurs, um noch einmal auf das schon erwähnte Beispiel zu sprechen zu kommen, innerlich als richtig und gut erkannt wurde, dann setzt diese klare Einsicht so viel „Power" frei, dass mögliche Widerstände ohne große Schwierigkeiten überwunden werden. Der Widerspruch oder das alte „Männerfeld" fällt im Angesicht dieser reinen und klaren Energie in sich zusammen! Dies geschieht deshalb, weil hinter dieser Energie eine lautere, keine egoistische Absicht steht. Andernfalls stünden sich zwei egoistische Kräfte gegenüber, die zwangsläufig in einen Machtkonflikt gerieten. Gewalt wird aber nicht durch Gegen-Gewalt überwunden, sondern sie wird durch Umarmung aufgelöst. Durch eine Umarmung mittels geistiger Kraft und innerer Klarheit.

Man könnte geneigt sein, gerade wenn es um die Emanzipation von Frauen geht, den berühmten Satz Jesu vom „Dein Wille geschehe" als verhängnisvoll anzusehen. Doch genau das Gegenteil ist der Fall. In der Tiefe verstanden, geht es um den Willen des eigenen geistig-seelischen Wesenskernes. Wenn dieser erkannt wird, setzt er eine immense Kraft frei, die letztlich in einer „Auferstehung" der wahren Persönlichkeit gipfelt.

Da Frauen offensichtlich – gesellschaftlich betrachtet – einen viel leichteren Zugang zu ihren spirituellen Wurzeln haben, werden sie es in Zukunft immer leichter finden, ihr wahres Wesen zu verwirklichen. Es bedarf dazu nur des Mutes, an die eigene Kraft zu glauben!

3.

Mut und Angst

Der größte Feind des Mutes ist die ANGST. Angst stellt die größte blockierende Kraft dar, mit der wir es zu tun haben. So wie Mut und Willenskraft etwas Neues aufbauen und gestalten kann, kann Angst alles verhindern und zerstören. Glücklicherweise liegt es in der Hand jedes Einzelnen, welche Kraft er die Oberhand gewinnen lassen will. Wer der Angst die Herrschaft einräumt, wird sich im Alten und Vergangenen einrichten und sein Leben abschließen, lange bevor es biologisch an sein Ende gelangt ist. Wer sich auf den Mut einlässt, wird mit Hilfe seiner Willenskraft zu neuen Horizonten aufbrechen und neue Dimensionen eines unbegrenzten Lebens entdecken.

Wie trostlos ein Leben aussieht, in dem es am Mut zum Abschied und Neubeginn fehlt, illustriert die Geschichte einer Frau mittleren Alters. Die 45-jährige hatte mit ihrem Mann eine Firma aufgebaut, in der er die handwerkliche, sie die buchhalterische Komponente ausgefüllt hatte. Das war zwar eine völlige Abkehr von ihrem früheren Berufsweg als Dolmetscherin, doch nach der Geburt von zwei Kindern, dem Kauf eines Hauses und dem Aufbau der Firma ihres Mannes glaubte sie, dies wäre ihr Beitrag zum Familienglück. Inzwischen sind alle Schulden beglichen, die Kinder erwachsen und die Ehe gescheitert. Ein ganz normaler Fall! Leider hat sie ihrem Mann die gesamte Kontrolle über alle Gelder und sämtliches Vermögen eingeräumt. Zusätzlich kontrolliert er noch jede Einzelheit ihres Lebens, bis hin zur heimlichen Lektüre von SMS auf ihrem Privathandy. Da natürlich keine Frau so leben kann, unternimmt sie ohne Wissen ihres Mannes erste kleine Schritte in die Selbstständigkeit, die aber nicht wirklich zu einer Befreiung führen. Der extreme Vertrauensverlust hat die Beziehung verständlicherweise vollständig zerstört, so dass von keinem Zusammenleben mehr die Rede sein kann, bestenfalls von einer Hausgemeinschaft mit tyrannischer Oberaufsicht. Trotzdem wagt diese Frau nicht den Schritt, sich von ihrem Mann zu trennen und ein neues Leben zu beginnen. Sie gibt wirtschaftliche, psychologische und familiäre Gründe für ihr Zögern an, dabei genau wissend, dass dies nur Scheinargumente sind. Es geht nur um eines: Die Angst vor einem Neuanfang!

Angst ist ein mächtiger Gegner! Es wäre leichtfertig, dies nicht zu sehen. Gleichzeitig muss unmissverständlich klar gemacht werden, dass ein Zurückweichen vor der unausweichlichen Auseinandersetzung mit diesem Gegner eine verheerende Niederlage darstellt. Wer der Angst nachgibt, gibt sein Leben auf!

Die Angst, vor allem die unterdrückte Angst, wird unendlich viele Wege finden, um sich zu zeigen. Dies können Krankheiten oder psychologische Probleme sein, aber auch ein Sich-Zurückziehen von der Welt und eine innere Emigration. Manchmal wird Angst aber auch durch einen extremen Aktionismus verdrängt. Das kann von einer überbordenden Vereinstätigkeit oder Mitgliedschaft in allen möglichen ehrenamtlichen Ausschüssen bis hin zum Extrembergsteigen oder Marathon-Laufen reichen. Immer aber ist es ein Weglaufen von sich selbst! Letztlich bleibt es dann dem Körper überlassen, um eines Tages die Ampel auf ROT zu stellen. Dies ist dann häufig das letzte Warnsignal, um etwas zu verändern. Die blockierte Lebensenergie muss endlich wieder in einen harmonischen, aufbauenden Fluss gebracht werden, sonst richtet ihre Blockade einen unheilbaren Schaden an.

Es gibt nur einen Weg, sich mit der Angst auseinanderzusetzen – Offenheit und Achtsamkeit. Angst bezieht einen großen Teil ihrer Macht aus dem Wegschauen und dem Nicht-Wahrhaben-Wollen. Es ist das Unbekannte, das unsichtbar Bedrohliche, was Angst auslöst. Das Angeschaute, Wahrgenommene, das genau Betrachtete verliert, selbst wenn es bedrohlich sein sollte, einen erheblichen Anteil seines Angstfaktors. Hinzu kommt, dass es in den meisten Fällen unnötig ist, sich zu sorgen oder zu ängstigen. Eine große psychologische Studie hat herausgefunden, dass etwa achtzig Prozent aller Befürchtungen völlig zu Unrecht aufgebaut werden, da das Befürchtete nie eintritt!

Wie gehe ich konkret mit der Angst um? Welche Gefühle löst eine reale oder vorgestellte Situation aus, wenn sie mit Angst besetzt ist? Kann man diese Situation genau aufschreiben oder aufzeichnen?

Wenn Sie Ihre größten Ängste mit all Ihrem Mut direkt angeschaut haben, dann bringen Sie diese zu Papier. Benennen Sie jede Angst ganz konkret und geben ihr einen Oberbegriff. Schreiben Sie jedes Gefühl auf, das sich einstellt, während Sie mit großer Achtsamkeit auf Ihre Angst schauen. Weichen Sie den Gefühlen nicht aus, aber versuchen Sie, emotionalen Abstand zu gewinnen. Gehen Sie dann an die Aufarbeitung jener Angst, die Ihnen als die am leichtesten zu bewältigende erscheint.

Gehen Sie zuerst an ihren Anfang. Wo hat diese konkrete Angst ihren Ursprung genommen? Welche Ursachen gibt es möglicherweise für die Entstehung dieser Angst?

Wenn Sie diese Schritte sorgfältig und ohne sich selbst zu beschwindeln (was leider sehr leicht geschehen kann!) durchgeführt haben, dann werden Sie feststellen, dass die betreffende Angst bereits einiges von ihrem Schrecken verloren hat. Angst gewinnt durch Unwissenheit Kraft. Erkenntnis entzieht ihr diese! Achtsamkeit und offenes Anschauen erzeugt Einsicht – und Ein-Sicht reduziert Ängste. Es ist hier vielleicht interessant, auf den deutschen Ursprung des Wortes „Angst" hinzuweisen, der von „Enge" kommt. Es gilt also, den Blick zu „weiten". Es wird sich dann schon nach ganz kurzer Zeit zeigen, auf welche Weise Erkenntnis und Achtsamkeit jegliche Form von Angst auf gleichsam „natürliche Weise" zu bekämpfen vermag. Wenn sich dann die ersten anfänglichen Erfolge zeigen, wächst auch sehr schnell der Mut und mit ihm die Kraft. Die Überwindung der nächsten Angst wird sich dann schon leichter und schneller bewerkstelligen lassen als die der ersten.

Eine weitere ausgesprochen effektive Weise, mit Ängsten umzugehen, ist der Aufbau von VERTRAUEN. Die scheinbar geheimnisvolle Wirkung von Amuletten oder Talismanen, über die seit Menschengedenken berichtet wird, hängt weniger mit irgendwelchen magischen Riten als vielmehr mit dem Umstand zusammen, dass die Träger in seine „wunderwirkende Macht" vertrauten. Damit erzeugten sie jene Kraft, die eigentlich ganz natürlich in ihnen schlummert, und projizierten sie auf unbelebte Gegenstände. Vertrauen ist geradezu eine „Medizin", um die Krankheit Angst zu besiegen.

Wenn Sie ein religiöser Mensch sind, wird es Ihnen möglicherweise leicht fallen, in eine höhere Führung zu vertrauen. Sollte

Ihnen das Schwierigkeiten bereiten, dann studieren Sie vielleicht das inzwischen sehr umfangreiche und sehr genau dokumentierte Schrifttum über die sogenannten „Nah-Tod-Erlebnisse". Es ist faszinierend zu sehen, dass fast alle Menschen, denen eine so einschneidende Erfahrung zuteil wurde, berichteten, sie hätten in ihrer „Zwischenwelt" deutlich und klar erkennen können, dass „alles auf Erden gut sei". Sie erkannten in allem eine göttliche Weisheit, selbst wenn sie zuvor eine völlig atheistische Einstellung gezeigt hatten. Auch die schwierigen oder schmerzhaften Situationen in unserem Leben weisen einen verborgenen Sinn auf, der sich allerdings manchmal erst nach vielen Jahren zeigt. Alles Leben und alle menschlichen Schicksale sind miteinander verbunden; und jede Angst, die einmal überwunden wurde, wird für den Nächsten in der Zukunft leichter zu überwinden sein. Diese Ein-sicht, die allein aufgrund eines Studiums einschlägiger Literatur gewonnen werden kann, lässt viele Zweifel (in Zwei-fel steckt auch ent-zwei-en) verstummen. Es ist kaum wahrscheinlich, dass Hunderttausende alle sinnvolle und persönlich bewegende Erfahrungen durchlebten, die sich mit mangelnder Sauerstoffzufuhr im Gehirn erklären lassen. Es ist seltsam, dass gerade die Wissenschaft, die sich so sehr auf die Theorie stützt, möglichst wenige Hypothesen für die Erklärung eines Phänomens zuzulassen, sofort bereit ist, wenn es um metaphysische Sachverhalte geht, die irrwitzigsten Theorien zu produzieren, um nur nicht das auf der Hand liegende anerkennen zu müssen. Es scheint für viele Menschen erträglicher zu sein, mit der „bekannten Angst" zu leben, als sich voller Mut und Vertrauen dem „unbekannten Anderen" zuzuwenden. Besser in einer unerträglichen, aber vertrauten Beziehung weiterzuleben, als sich auf das „Abenteuer Leben" einzulassen!

Mut bedeutet Licht! Wer mit Mut an die Lösung eines Problems oder Traumas herangeht, sendet gleichsam Licht in die Dunkelheit. Es ist interessant zu sehen, dass in der Kunst die Angst immer mit sehr dunklen, depressiven Farben dargestellt wird. Daher wäre es gut, wenn Sie Ihre Angst mit bestimmten Räumen oder Plätzen in Verbindung bringen können, diese Räumlichkeiten heller zu machen, entweder durch Farbe oder durch Beleuchtung. Gleiches gilt natürlich auch für Ihre persönliche Lebenswelt oder Ihr persönliches Äußeres.

Die moderne Geomantie betrachtet es als eine universelle Aufgabe, in sakrale Bauwerke oder an heilige Kraftplätze ein neues LICHT einfließen zu lassen, um sie von negativen Einflüssen zu befreien oder neu aufzuladen. Unter diesem Gesichtspunkt wäre es auch eine interessante Erfahrung, mit Ihren Ängsten einmal an einen dieser Kraftplätze (es gibt sie auch in Ihrer Nähe!) zu gehen, um sie dort den reinigenden und heilenden Kräften der Natur anzuvertrauen.

Haben Sie Mut zum Danken! Es hat sich als eine sehr heilsame Erfahrung herausgestellt, wenn die Opfer von Gewalttaten oder von Missbrauch die Kraft aufbringen konnten, auch ihre schmerzhaftesten Erlebnisse dankbar anzunehmen und als sinnhafte Erfahrung in ihren inneren Lebensplan aufzunehmen. Es muss nicht so weit gehen, dem Täter zu danken – was eine immense Seelengröße erfordern würde. Doch das innere Hadern erzeugt sehr viel blockierende Energie. Diese muss erst abgebaut werden, ehe man wieder zu wahrer Harmonie zu finden vermag. Es kann bereits genügen, sich die Angst oder das Trauma vom ganz normalen Alltagsbewusstsein aus anzuschauen. Manchmal ist dies schon ausreichend, um in einer „stillen Stunde" eine verborgene göttliche Gerechtigkeit zu erkennen. Dann gewinnt Ihr Leben eine neue Tiefe und eine offenere Perspektive. Wenn alte Traumata so integriert werden können, verlieren sie restlos ihr

Angstpotenzial. Vor allem richtet sich der Blick in Zukunft nach vorne und nicht mehr zurück, in die leidvolle Vergangenheit. Wer den Mut hat, ohne Vorbehalte auf die angstvolle Vergangenheit zu schauen, der gewinnt daraus die Kraft, mutig in die Zukunft voranzuschreiten. Wer sich liebevoll von allem „Alten" verabschieden kann, der kann sicher sein, dass es sein Morgen nicht mehr beeinflussen wird. Durch das Anschauen verliert es alle seine Kraft!

Lösen Sie sich von Ihren Schuldgefühlen! Es gibt kein Leben, indem es nicht Situationen gab, in denen man sich etwas hat zu schulden kommen lassen. Das muss nicht gleich eine solche tragische Dimension haben, wo vielleicht durch das eigene Verschulden ein anderer Mensch ums Leben gekommen ist. In den meisten Fällen geht es um ein ungerechtes, liebloses oder egoistisches Verhalten Menschen gegenüber, die uns vertrauten oder liebten. Oft fühlt man vielleicht auch eine Schuld, weil man den Erwartungen anderer Menschen nicht entsprechen konnte oder wollte oder sie unwissentlich verletzte. Wenn es möglich ist, kann durch eine Geste des Verzeihens oder eine Bitte um Vergebung alles alte Leid oder ein langjähriger Groll aufgelöst werden. Eine solche Verhaltensweise wirkt nahezu immer ausgesprochen segensreich auf alle Beteiligten.

Häufig wird es jedoch nicht möglich sein, eine Entschuldigung oder eine Bitte um Vergebung direkt an die einst betroffene Person zu richten. Manche hat man aus den Augen verloren, andere wiederum haben diese Erdenwelt inzwischen verlassen. In diesem Fall empfiehlt es sich, sofern man dazu einen inneren Bezug hat, diese Bitte im Gebet auszusprechen. Eine andere Möglichkeit besteht darin, die Vergebungsbitte (oder die Vergebung, falls man das Opfer war!) in einem Brief zu formulieren und diesen dann zu vergraben oder zu verbrennen, falls man ihn nicht aufbewahren möchte. Beide Wege sind überaus wirksam für das eigene seelische Wohlbefinden.

Die Familie, sowohl die Ursprungsfamilie als auch die Gegenwartsfamilie, stellt in der Regel die Hauptquelle für Missbrauch, Verletzung, Unterdrückung oder Schuldgefühle dar. Man will einem geliebten Familienmitglied, häufig Vater und Mutter, keinen Schmerz bereiten und lässt sich daher auf Kompromisse ein, die man später oft bitter bereut. Der Sohn, der Arzt werden muss, damit die Praxis in der siebten Generation fortgeführt werden kann, obwohl er eigentlich lieber Musiker geworden wäre; oder die Tochter, die in den elterlichen Weinbaubetrieb einsteigt, damit auch dieser in der zwölften Generation im Besitz der Familie verbleiben kann, obwohl sie viel lieber Ärztin geworden wäre, sind nur zwei Beispiele für fehlenden Mut, der meistens in bitteren Anklagen oder unheilbaren Zerwürfnissen endet. Unehrlichkeit, sich selbst und anderen gegenüber, zeitigt meistens verheerende Auswirkungen. Es ist wichtiger, sich selbst gegenüber ehrlich zu sein, als Traditionen oder Vorschriften zu erfüllen, seien sie auch zweihundert oder zweitausend Jahre alt. Hier kann der Satz eines mutigen Mönches vor dem Reichstag zu Worms als Inspiration dienen, wo Luther, wissend, dass er sein Leben riskierte, antwortete: „Hier stehe ich. Ich kann nicht anders. Gott helfe mir!"

Man muss nicht die Größe und den Mut eines Martin Luther aufbringen, um sich gegen Zwänge aus dem alten Familienfeld oder irgendeiner kirchlichen Gruppierung zur Wehr zu setzen. Es genügt bereits, sich in einer stillen Stunde deutlich vor Augen zu führen, ob eine bestimmte erwünschte (wenn nicht gar erzwungene) Verhaltensweise dem eigenen innersten Wesen entspricht oder nicht. Ist es nicht der Fall, darf man jeden Fremdanspruch guten Gewissens und ohne das geringste Schuldgefühl zurückweisen. Legen Sie alle Gewissensbisse zur Seite – sie sind Ihnen nur aufgenötigt worden. Schauen Sie nach vorne – und beschreiten Sie mutig Ihren eigenen Weg.

Jedem Neubeginn wohnt etwas Aufregendes inne. Es ist gleichsam eine Neugeburt, ein Wachstumsschritt in eine neue, höhere Wirklichkeit. Wagen Sie es, mutig zu sein. Schauen Sie Ihre Ängste an und verabschieden sich von ihnen. Die Ewigkeit liegt vor Ihnen. Sie können Fehler wiedergutmachen; Sie können Schulden wieder ausgleichen; Sie können Ihren Peinigern vergeben und Sie können mit einem Lächeln weiterschreiten. Freude, Liebe und Schönheit warten auch auf Sie. Vertrauen Sie in Ihren Mut und werfen Sie alle Ihre Fesseln ab. Niemand kann Sie hindern – nur Sie selbst!

4.

Sich selbst annehmen

Eines der zentralen Probleme der modernen Frau des 21. Jahrhunderts ist es noch immer, sich selbst anzunehmen, zu respektieren und wertzuschätzen. Das fehlende Selbstwertgefühl hindert viele Frauen daran, mutiger für ihre eigenen Ziele und Ideale einzutreten. Dies wird umso schwieriger, wenn neben der Frau ein – weltlich gesehen – überaus erfolgreicher Ehemann oder Lebenspartner steht. Ein typisches Beispiel für diese Konstellation liefert die nachstehende Geschichte von „Regina".

Nach einer längeren, extrem schwierigen Phase hatte sich Regina von ihrem Mann getrennt. Die beiden Kinder leben bei ihr, sehen aber regelmäßig ihren Vater, wobei es immer wieder auch zu Begegnungen mit ihrem Ex-Mann kommt. Diese Treffen verlaufen fast immer unangenehm und schmerzhaft für sie, da sie jedes Mal Vorwürfe, Anklagen und Schuldzuweisungen wegen des „Verlassens" ihres Mannes vorgehalten bekommt. Dieses Verhalten ihres Ex-Mannes löst unterschiedliche Emotionen in ihr aus, die von Wut, Unsicherheit und innerer Zerrissenheit bis hin zu schweren Schuldgefühlen reichen.

Im Gespräch bekennt sie, dass ihr Mann von Anbeginn ihrer Beziehung immer sehr kritisch ihr gegenüber gewesen sei. Er habe einen extrem hohen Anspruch an sie gestellt und ständig

„Höchstleistungen" von ihr erwartet. Sie fährt fort: „Ich habe mir immer Mühe gegeben, seine Erwartungen zu erfüllen und seinen Vorstellungen nachzukommen. Er war ein sehr erfolgreicher Architekt. Sämtliche Kollegen schätzten ihn, und seine Meinung war wegen seiner hohen fachlichen Kompetenz sehr gefragt. Ähnlich verhielten sich auch die meisten unserer Freunde. Ich stand stets ein wenig „in seinem Schatten". Obwohl ich als Apothekerin selbstständig und erfolgreich war, habe ich mich nie von ihm geachtet gefühlt. Er hatte alles unter Kontrolle – und ich habe ihn für alles, was er schaffte, bewundert. Eines Tages war ich dann an einen toten Punkt gekommen – und lernte dann auch noch einen anderen Mann kennen. Er war in meinen Augen sehr viel natürlicher, ganz anders als mein Ehemann. Bei ihm konnte ich meine Gefühle zeigen, über alles sprechen und wieder von Herzen lachen. Ich empfand es als eine ungeheure Erleichterung!

Dieser neue Mann in meinem Leben fand mich toll und sagte mir auch, wie sehr er mich bewundere für das, was ich in meinem Leben alles bewältige – beruflich und als Mutter. Ich war seit langer Zeit einfach wieder nur glücklich.

Durch diese Beziehung lernte ich auch, mich selbst wieder anders zu sehen. Ich entwickelte allmählich ein neues Selbstwertgefühl. Ich begann, erneut „meine Gedanken" zu denken und mich nicht mehr dadurch zu definieren, dass ich für meinen Mann „alles recht machte". Dadurch entwickelte ich den Mut und die Kraft, in meiner Ehe auch wieder „Nein" zu sagen, wenn etwas mir nicht entsprach."

In der tieferen Analyse ihres Lebens fanden wir dann heraus, dass Regina schon als junges Mädchen, aufgewachsen in einem strengen Elternhaus, gelernt hatte, zu „funktionieren". Sie hatte sich bestimmten Regeln unterworfen, um vor allem die Liebe und Zuneigung zu ihrer Mutter nicht zu verlieren. So konnte sie auf der äußeren Ebene eine gewisse Harmonie aufrechterhalten – aber sie war nie glücklich dabei. Ihre Hochzeit würde – so glaubte sie damals – ein Schritt zu ihrer Befreiung sein. Doch diese Annahme erwies sich als Irrtum. Sie hatte ihr eigentliches Muster von Abhängigkeit, von Funktionieren, um geliebt zu werden, und vom Einhalten vorgegebener Regeln nicht bearbeitet und überwunden. Sie setzte ihren alten Weg fort, nur in einer veränderten Umgebung. Hatte sie früher nicht „Nein" gesagt, um die Harmonie mit ihrer Mutter nicht zu gefährden, so hatte sie in ihrer Ehe davor zurückgeschreckt, um die Harmonie mit ihrem Mann nicht zu gefährden.

Es bedurfte für Regina einiger schmerzhafter Erfahrungen, um endlich sich selbst anzuschauen und den Mut zu entwickeln, zu ihren eigenen Überzeugungen zu stehen. Im Alter von vierzig Jahren begann sie nun, erstmals ihr „eigenes Leben" zu leben und auf ihre eigene Kraft zu vertrauen. Dabei entdeckte sie zugleich, dass Beziehungen zwar eine wichtige Rolle in ihrem Leben spielen, aber kein Partner die Rolle übernehmen kann, jene „Defizite" auszugleichen, die in ihr selbst vorhanden sind. Ihr Gegenüber spiegelte ihr gleichsam nur, was in ihr selbst zu bearbeiten war. Diese Einsicht ermöglichte es ihr, schrittweise auch die Beziehung mit ihrem Ex-Mann zu heilen und alte Verletzungen auf beiden Seiten auszuheilen.

Das „Beispiel Regina" zeigt, wie schwierig und langwierig es oft ist, sich selbst ehrlich anzuschauen, sich selbst vorbehaltlos anzunehmen und sein eigenes Wesen ohne Illusionen zu betrachten. Dafür können Partner, Freunde oder die Außenwelt stets nur Funktionen im Sinne eines Katalysators übernehmen – sie sind nicht diejenigen, welche die Lösung bereithalten. Jede

Frau hat den Schlüssel dazu in ihrer eigenen Hand. Die Verantwortung für ihr Leben liegt einzig und allein bei ihr. Dies mag eine erschreckende, zugleich aber auch eine außerordentlich befreiende Erkenntnis sein!

Es ist in einem kaum zu überschätzenden Ausmaß Bert Hellinger zu verdanken, dass er über seine „Familienaufstellungen" vielen Menschen vor Augen geführt hat, auf welche oft dramatische Weise alte familiäre Wurzeln die Gegenwart eines Menschen noch nach Jahrzehnten zu beeinflussen vermögen. Wem immer wieder vermittelt wurde, dass er seine eigenen Ansprüche zurückstellen müsse, damit es „den Anderen" gut gehe, der wird immense Schwierigkeiten damit haben, sich selbst zu finden und seinen eigenen Lebensplan zu verwirklichen. Wer immer wieder aufgefordert wurde, „den Anderen" die Verantwortung für sein Leben zu überlassen, weil diese es doch „besser wüssten", der wird immense Schwierigkeiten damit haben, mutig sein Leben in die eigenen Hände zu nehmen. Gerade Frauen haben alte „Gedankenformen" und „Energiefelder" zu überwinden, die weit über ihre eigenen familiären Wurzeln hinausreichen – wenngleich sie von ihrer Familie neu gespeist wurden – und noch immer ihr Schicksal und ihre Freiheit zu bestimmen oder zu beschränken versuchen. Es ist eine wunderbare Einstellung, anderen Menschen zu helfen und ihnen zu dienen – aber erst, nachdem man sich selbst gefunden hat. Dann ist es ein Helfen und Dienen aus Liebe und aus Freiheit, was den zentralen Unterschied zwischen einem fremdbestimmten, unglücklichen und einem selbstbestimmten, glücklichen Leben ausmacht!

In Beratungsgesprächen ist es teilweise erschütternd zu sehen, in welchem Ausmaß Frauen über die Fähigkeit verfügen, um der „Harmonie willen" sich selbst zu unterdrücken, sich zurückzuziehen und sprachlos zu werden. Im Äußeren scheint dann Harmonie zu herrschen, doch innerlich koch und brodelt es; und diese an der Explosion gehinderte Lava erkaltet und verhärtet dann allmählich. Welche Krankheitsursachen damit gelegt werden, lässt sich in jedem Buch von Ruediger Dahlke umgehend nachschlagen. Die Körpersprache ist unbestechlich, weil sich die Intelligenz der Zellen nicht belügen lässt! Es liegt wohl auf der Hand, dass ein solches Leben auch keine Freude zu schenken vermag; und wo die Freude fehlt, ist die Krankheit nicht mehr weit.

Ein weiterer wichtiger Baustein, um aus den Fallen herauszukommen, die vorstehend dargestellt wurden, ist der MUT ZUR VERLETZLICHKEIT. Wenn ich liebe, kann ich natürlich verletzt werden – aber diese Verletzung ist nichts, wovor ich Angst haben sollte. Je mehr Liebe ich innerlich zulasse, desto mehr Liebe kann ich auch schenken. In letzter Konsequenz bleibt dann die große Einsicht, die einer der tiefsten spirituellen Lehrer des 20. Jahrhunderts formulierte: „Wo Liebe ist, kann Leid nicht sein!"
Eine Verletzung zeigt immer zweierlei: Ich bin empfindsam, weich und berührbar; aber es gibt noch immer Aspekte in mir, die nicht vollkommen lieben können. Diese Einsicht ist von großem Wert, weil sie die größte Inspiration unseres Lebens darstellt. Sie zeigt uns den Weg, gemäß der alten Weisheit des Ostens: „Wo der Schmerz ist, ist der Weg!" Damit ist natürlich kein stumpfsinniger Masochismus gemeint, sondern die Einsicht, dass unsere Verletzlichkeit eine große Stärke und ein unbestechlicher Radar dafür ist, woran wir zu arbeiten haben. Eine Verletzung zeigt mir, wo ich noch einen Schwachpunkt habe. Eine Verletzung zeigt mir, wo ich etwas zu korrigieren habe. So kann ich neue Erkenntnisse gewinnen und neue Qualitäten meiner Persönlichkeit entfalten. Jeder dieser schmerzhaften Prozesse lässt

mich gestärkt daraus hervorgehen und hilft mir, ein größeres seelisches Potenzial zu nutzen. Die Grenzen meiner Erdenpersönlichkeit weiten sich und, bildlich gesprochen, der Himmel kommt ein Stück näher. Zudem schenkt mir jeder dieser Entwicklungsschritte ein tieferes Verständnis für die schmerzhaften Prozesse meiner Mitmenschen und hilft mir so, offener, weicher und liebevoller zu werden.

Wenn die inneren Prozesse nicht zugelassen oder die eigenen (berechtigten!) Wünsche unterdrückt werden, mutieren sie. Sie werden zu SCHATTEN. Diese Schatten umgeben uns und lösen zweierlei unerfreuliche Entwicklungen aus: Sie hindern uns, unbeschwert zu leben, weil sie uns herabziehen; und sie verdunkeln das LICHT. Wie immer man das Licht definieren mag, es ist die eigentliche KRAFT in der und aus der heraus wir leben. Wenn die Schatten transformiert werden, wird das eigene Licht schöner und strahlender – und es wird insgesamt etwas heller auf der Erde.

Es soll hier gar nicht verschwiegen werden, dass es weder leicht noch erfreulich ist, sich mit den eigenen Schattenkräften auseinanderzusetzen. Sie bei anderen zu sehen, ist weitaus unproblematischer. Es ist auch sehr viel angenehmer, das Gegenüber auf seine Fehler aufmerksam zu machen, als auf seine eigenen Schatten und Fehler hingewiesen zu werden. Dabei sind es gerade diese unangenehmen Situationen, die unsere besten Lehrmeister sind. Der Dalai Lama geht in seiner menschlichen Größe sogar so weit, die chinesischen Besetzer seiner Heimat als die „größten Lehrer der Tibeter" zu bezeichnen. Das ist bewundernswert, wenngleich es einen 'Normalmenschen' sicher überfordern wird. Wahr bleibt jedoch, dass aus schwierigen, schmerzhaften und herausfordernden Begegnungen oder Beziehungen sehr viel Segensreiches erwachsen kann, wenn man sie zulässt, sich ihnen stellt und seine Lehren daraus zieht. Immer wieder wird man aus derartigen Erfahrungen neue Seiten an sich selbst erkennen. Man kommt sich selbst näher und entwickelt Schritt für Schritt seine wahre innere Kraft.

Will man diese schmerzhaften Erfahrungen minimieren, da sie ja keinen Wert an sich darstellen, sondern unsere Lehrmeister sind, dann bleibt nur ein anderer Weg – der Pfad nach innen. Wem es gelingt, in der Stille von Gebet oder Meditation, sich die eigenen Konflikte so vor das innere Auge zu rufen, dass sie klar und eindeutig erkennbar werden, der kann sie in sich selbst zur Umwandlung und Auflösung bringen. Die KRAFT, die es zu entfalten gilt, liegt IN JEDEM FALL im Inneren jedes Menschen. Er kann sie durch Bewusstwerdung selbst freisetzen oder durch die – leider oft schmerzliche – Konfrontation mit äußeren Situationen entwickeln. Ist sie jedoch endlich aufgebrochen, beginnt ein neues Leben.

Auf die Situation der mutigen Frauen einer neuen Zeit übersetzt, heißt dies: Nimm Dich selbst an! Lebe Deine eigenen Gedanken und durch sie Dein eigenes Leben! Befreie Dich von der Unterdrückung seitens Deiner Familie oder Deiner Freunde (Partner, Ehemänner etc.); aber tue dies bewusst und liebevoll. Der „Kampf der Geschlechter" ist eine Verkennung der eigentlichen Problematik. Liebe Dich selbst und höre auf, Dir Sorgen zu machen!

Nur Sie selbst können dafür sorgen, SIE SELBST ZU SEIN. Das Leben wartet auf Sie. Haben sie den Mut, sich so anzunehmen, wie Sie sind. Das LEBEN hat Sie so gewollt!

5.

Die Rollenspiele
Ehefrau – Mutter – Geliebte

Was mag sich der Himmel dabei gedacht haben, als er „die Frau" erschuf? Oder, emanzipatorisch gefragt, was hatte Gott vor, als sie den Mann erschuf?

Das Geheimnis der Polarität der Geschlechter hat seit Menschengedenken Dichter und Philosophen, Mystiker und Theologen gleichermaßen beschäftigt. Einer Lösung dieses wundervollen Rätsels sind sie nicht näher gekommen. Noch immer fragen sich Männer und Frauen in jenen seltenen Momenten echter Muße: „Wer bin ich?" Die Tatsache, dass noch immer keine überzeugende Antwort auf diese Frage vorliegt, macht das Leben bunt, vielfältig und wahrhaft interessant.

Frauen sollten besser nicht versuchen, das WESEN eines Mannes zu ergründen. Sie haben vermutlich bereits genug damit zu tun, ihr eigenes Geschlecht zu verstehen.

Es gibt drei wundervolle Eigenschaften, über welche Frauen verfügen können – wenn sie es sich zugestehen. Sie sind es, die eine Frau erst wahrhaft zu einer Frau machen: Mut, Zärtlichkeit und Liebe!

Mut ist eine weibliche Eigenschaft, die manche Menschen (vor allem Männer!) nicht unmittelbar mit Frauen in Verbindung bringen. Hier wird sich aber in naher Zukunft vielleicht einiges an der Einschätzung von Frauen ändern. Es geht um den Mut, authentisch zu sein, zu sich selbst zu stehen und seine eigenen Ideale zu verwirklichen. Das beinhaltet auch, sich ganz und ohne Einschränkungen mit seinen Stärken *und* seinen Schwächen anzunehmen.

Zärtlichkeit drückt sich in der Fähigkeit aus, andere Menschen zu berühren – körperlich und seelisch. Über die Zärtlichkeit zeigt eine Frau ihr innerstes Wesen. Dabei meint Zärtlichkeit nicht nur die liebevolle körperliche Berührung, sondern auch die Kunst des zarten Vorgehens, die Fähigkeit der Zartheit in der Argumentation. So entsteht Respekt durch die Kraft der „weichen Verwandlung". Es ist das taoistische Prinzip, wonach im intelligenten Nachgeben die eigentliche Stärke liegt. Die alten taoistischen Weisen, Männer wie Frauen, sahen im Wasser die stärkste Kraft der Transformation.

Liebe ist die ursprüngliche Lebenskraft. Leben und Lieben zeigt schon im Wortstamm selbst seine nahe Verwandtschaft an. Frauen sind die Verkörperung der Liebe in ihrer Essenz. Wobei hier nicht mehr unterschieden wird, ob sich diese LIEBE in der Frau, in der Mutter oder in der Geliebten äußert.

Und vielleicht könnte noch eine vierte Qualität hinzukommen, wenn man Krishnamurti glauben möchte, der einmal gesagt hat: „Die Schönheit kommt durch das Weibliche in die Welt!"

Ideal und Wirklichkeit liegen manchmal weit auseinander. Also muss sich jede Frau ehrlich die Frage stellen, wo zwischen Babywickeln und Handy-Telefonaten, zwischen Supermarkt und Büroschreibtisch, zwischen pubertierenden Computer-Kids und dem üblichen Alltagsschrott Zeit bleibt für – Zärtlichkeit, Liebe und Schönheit? Liegt es im Rahmen der Möglichkeiten einer 'normalen' Frau des 21. Jahrhunderts, zwischen allen Pflichten des Alltages und den täglichen kleinen Dramen noch die Ideale von Liebe, Zärtlichkeit und Schönheit aufrechtzuerhalten?

„Ich weiß schon abends beim Einschlafen, was ich alles am nächsten Tag nicht schaffen werde. Warum hat der Tag nur vierundzwanzig Stunden? Eine Extra-Stunde für Frauen wäre mehr als gerecht!", klagte mir eine berufstätige junge Mutter ihr Leid.

Diese Stunde existiert nicht; und sie wird nie existieren. Es wird auch nie „Sonderregelungen" für Frauen geben. Wir müssen mit den Gegebenheiten zurechtkommen, die vorhanden sind. Es gibt also nicht zu wenig Zeit, sondern wir müssen mit der vorhandenen Zeit anders umgehen. Es geht nicht um Schnelligkeit, um Dynamik, um Disziplin oder um Organisation. Es geht um Kreativität und Qualität. Ich muss in jedem Augenblick ich selbst sein. Ich selbst bin wichtiger als alle Pflichten, Aufgaben oder gesellschaftlich-familiäre Vorgaben. Damit ist nicht gemeint, gemäß der eigenen Willkür zu leben! Nein, Pflichten und Verantwortungsbewusstsein sind hohe Werte, die hier keinesfalls zur Disposition gestellt werden. Es geht allein um die Frage, welches sind MEINE Pflichten und welches ist MEIN Aufgabenbereich. Eine Frau, die feststellt, dass sie nur noch „Pflicht" oder „Funktion" ist, aber nicht mehr sie selbst, sollte schleunigst etwas ändern. Sie lebt nämlich nicht mehr, sondern sie wird gelebt. Sie mag eine bestimmte Rolle spielen und so einen äußerlichen Schein aufrechterhalten, aber sie ist weder ehrlich zu sich selbst noch authentisch, was ihr wahres Wesen anbelangt.

Werfen wir einen Blick auf bestimmte Lebenssituationen. Auf keiner Schule gibt es einen Ausbildungsweg, der „Mutter" heißt. Man kann Kurse über „Sanfte Geburt" oder „Homöopathie für

Kleinkinder" belegen, aber keinen Kurs „Was es heißt, Mutter zu sein!". In die Mutterrolle wächst eine Frau allmählich hinein, meistens eher unvorbereitet. Stellt sie sich dabei die Frage, in was für eine „Rolle" sie hineinwächst? Wer hat das Skript für diese „Rolle" geschrieben? Ihre Mutter? Die Gesellschaft? Die Kirche? Der Staat? Natürlich möchte sie eine „gute Mutter" sein – wer möchte das nicht? Doch was bedeutet das wirklich?

Primär bedeutet Mutterschaft eine Beziehung zwischen Mutter und Kind. Alles andere ist sekundär! Das sollte keine Frau aus den Augen verlieren. Ihre innerste Beziehung zu ihrem Kind, nach neun Monaten Schwangerschaft, ist etwas Einzigartiges und bleibt etwas Einzigartiges. Hier hat niemand anderes etwas zu suchen. Diese besondere Beziehung geht nur die beiden Beteiligten etwas an, selbst der Vater des Kindes sollte die Intimität dieser Verbindung achten. Im Gegenzug sollte eine Frau natürlich gleichermaßen die andersartige, aber gleich wichtige Beziehung des Kindes mit seinem Vater respektieren.

Nochmals: Alles, was von außen auf eine Mutter einwirkt, hat nur zweitrangige Bedeutung. Jede Mutter sollte sich dies stets vor Augen halten und selbstbewusst alles zurückweisen, was sie nicht als ihrer Mutter-Rolle gemäß erachtet. Auch Großmütter und Großväter sind nicht die Mütter und Väter, sondern eben die Generation davor. Manchen dieser Großmütter und Großväter muss man diese Selbstverständlichkeit leider gelegentlich wieder deutlich machen!

Eine Mutter, die hier klar, mutig und authentisch ist, sendet auf diese Weise ein wunderbares Signal an ihre Kinder aus. Sie zeigt ihnen, dass man sich nicht verbiegen lassen, sondern zu sich selbst stehen sollte. Kinder verstehen diese Gesten und diese Aufrichtigkeit ohne große Worte. Sie erkennen die Wahrheit, weil die Wahrheit für sich selbst spricht. Die Wahrheit ist nicht nur klar und überzeugend, sie ist auch natürlich; und Natürlichkeit ist ein großes Geschenk, was eine Mutter ihrem Kind überreichen kann.

Seien Sie authentisch, klar und eigenständig. Diese drei Qualitäten schaffen Vertrauen, Liebe und Nähe. Wo wiederum diese drei Werte vorherrschen, lebt sich das Leben leichter!

So weit sind die meisten Frauen in der Regel bereit mitzugehen, doch dann kommt die Frage: „Aber was ist mit den Kindern bei einer Trennung?" Die Frage ist berechtigt; doch wie sieht es mit der Gegenfrage aus: „Was ist mit den Kindern in einer gescheiterten Beziehung, in der nur noch Streit, Frustration und Aggression herrschen?"

Wenn eine Beziehung oder eine Ehe geschieden ist, leiden viele Frauen mehr für ihre Kinder als um ihrer selbst willen. Seltsam! Warum sollte hinter einer solchen Trennung nicht ein tieferer Sinn stehen? Warum sollten nicht auch die Kinder etwas aus dieser zweifelsfrei schmerzhaften Erfahrung lernen? Es ist eine Illusion zu glauben, man könne den Kindern die Erfahrung von Trauer und Konflikt ersparen. Sie sind Teil des LEBENS. Nichts ist schlimmer, als eine „Schein-Harmonie" aufrechtzuerhalten; denn die Kinder merken schon nach ganz kurzer Zeit die Verlogenheit dieses „Arrangements". Die Dichterin Ingeborg Bachmann prägte einmal den Satz: „Die Wahrheit ist dem Menschen zumutbar!" Dies gilt auch in einer Familie. Auch den Kindern ist die Wahrheit einer Trennung zuzumuten; denn sie werden damit umgehen können, wenn die Sachverhalte ihnen ehrlich erklärt werden. Werden sie dagegen manipuliert oder gegen den einen Elternteil ausgespielt, beginnt für sie ein schmerzhafter Prozess, sich gegen den „Missbrauch" oder die „Verlogenheit" eines ihnen lieben Menschen aufzulehnen. Meist endet dieses üble Spiel in einer langjährigen zerrütteten Beziehung, die erst durch viele Aufarbeitungsleistungen beider Seiten wieder zu heilen ist. Ein ehrlicher Trennungsprozess, im Idealfall ein liebevolles und respektvolles Auseinandergehen, ist für alle Beteiligten segensreich. Dies gilt es unbedingt auch dann zu beachten – wenngleich es da am schmerzlichsten ist – wenn eine Seite nicht in die Trennung einwilligt. Hier gilt es, den Respekt vor der Freiheit des Partners höher anzusetzen als das eigene Wunschdenken. Lieben kann man nicht wollen. Liebe ist ein Geschenk. Es mag sich schenken; aber es mag nicht ewig Bestand haben.

Eine Beziehung oder eine Ehe stellt eine wundervolle Möglichkeit zum gemeinsamen Wachstum dar. Aufgrund der Nähe und aufgrund der Verbindlichkeit der eingegangenen Bindung geraten sehr viele Aspekte in einen lebendigen Austausch: Träume und Wünsche, Erwartungen und Lebensideale, Freiheit und Selbstverwirklichung, Pflichten und Freuden, Routine und Kreativität. Es liegt auf der Hand, dass es keine Beziehung gibt, in der alle diese Aspekt (und viele mehr!) sich immer harmonisch ergänzen. Es wird zwangsläufig zu Konflikten und Herausforderungen kommen, die im kreativen Sinne zu Veränderung und gemeinsamem Wachstum, im destruktiven Fall zu Blockade und gegenseitigem Stillstand führen. Es geht nicht um das gemeinsame Haus, die Kinder, das Sparbuch, Oma und Opa, die Firma oder um Hund, Katze und Meerschweinchen. Es geht um die innere ESSENZ. Wenn Sie morgens in den Spiegel schauen und sich sagen können: Ja, die Beziehung ist für uns beide noch förderlich und wir wachsen zusammen – dann sind Sie auf einem guten Weg. Der äußere Rahmen, die gesellschaftlichen Faktoren Ihrer Beziehung, sind relativ bedeutungslos. Was allein zählt, sind die inneren Wachstumsprozesse. Natürlich geht es dabei um Werte, um Ideale und vielleicht auch um eine verbindende Spiritualität; aber diese Werte, Ideale und Glaubensinhalte LEGEN NUR SIE BEIDE FEST. Wenn Sie diesbezüglich Ihre (gemeinsame) innere

FREIHEIT bewahren können, was bei der Fülle an Einflussnahmen von außen schon ein riesiger Erfolg wäre, dann haben Sie gute Aussichten, noch lange eine glückliche Beziehung zu führen!

Nähe in einer engen seelischen Verbindung ist etwas Wundervolles. Sie ist ein einzigartiges Geschenk, das es gilt, intelligent zu leben und zu achten. Stellen Sie sich vor, wie berührend und beglückend es ist, etwa ein junges Kätzchen zu streicheln. Es schnurrt und genießt Ihre Zärtlichkeit; doch zu irgendeinem Zeitpunkt springt es von Ihrem Schoß und widmet sich vielleicht dem nächsten Wollknäuel. Das intelligente kleine Wesen hat genau den richtigen Moment erfasst, um sich etwas Neuem zu widmen. Es war „genug an Nähe". Diese kleine Geschichte eignet sich ausgezeichnet, um Nähe und Abstand einer Beziehung zu charakterisieren. Die Schönheit und der Zauber von Nähe speist sich aus der Gewissheit des Abstandes! Ein Mann oder eine Frau, die immer „zuhanden" sind, verlieren zwangsläufig etwas von ihrem Glanz, ihrer Schönheit und ihrer Einzigartigkeit. Wenn Sie jeden Tag Champagner trinken, werden Sie sich eines Tages nach einem Glas Wasser sehnen. Liebe und Nähe haben keinesfalls etwas mit „Quantität", sondern ausschließlich etwas mit „Qualität" zu tun! Drei intensive gemeinsame, erfüllende und inspirierende Tage sind jederzeit drei langweiligen, von Routine geprägten Wochen vorzuziehen. Es geht um Intensität, nicht um Dauer. Es geht um Inspiration, nicht um Durchhalten. Es geht um das lebendige DU, nicht um das alltägliche: „Ach, du bist es."

Es dürfte inzwischen deutlich geworden sein, inwiefern die Komponente von BEWUSSTSEIN, von bewusst *sein*, eine entscheidende Rolle in der Kunst der zwischenmenschlichen Beziehungen spielt. Miteinander wachsen, sich gegenseitig befruchten, auch sich herausfordern und dadurch neue Seiten an sich selbst zu entdecken, darin liegt das Geheimnis und der Charme einer Ehe oder einer Partnerschaft. Es gibt keinen schlimmeren Satz, als wenn der eine Partner zum anderen sagt: „Du bist nicht mehr dieselbe, die du warst, als wir geheiratet haben." Da kann man nur antworten: „Gott sei Dank!" Was gibt es Schlimmeres, als wenn man über einen Zeitraum von einigen Jahren zurückschaut und sagen muss, man habe sich nicht im Geringsten verändert. Problematisch kann es werden, wenn sich der eine Partner in die eine, der andere in eine andere Richtung entwickelt hat. Dann kann es entweder notwendig sein, ein langes, sehr ernsthaftes Gespräch zu führen, ob es wieder eine GEMEINSAME neue Wegrichtung geben kann; oder es ist der Zeitpunkt gekommen, an dem man, ohne zu urteilen oder gar zu verurteilen, einander Lebewohl sagt und den eigenen Weg ohne den bisherigen Partner fortsetzt. Die Offenheit dieses Gespräches wird aber in der Regel dazu führen, dass man neue Gemeinsamkeiten findet, da man im Zuhören auf die „Weg-Erfahrungen" des Partners etwas Neues über ihn und damit auch über sich selbst erfährt. Diese Offenheit ist etwas überaus Wertvolles, und es gehört viel Vertrauen, Intimität und innere Arbeit dazu, bis zwei Menschen an diesen Punkt kommen.

Die Reife, die sich in einem derartig tiefen Dialog und in einer so inniglichen Begegnung ausdrückt, macht das Geheimnis von Beziehung deutlich. Es geht um „Bezogen-Sein". Im Du erkenne ich mich selbst; und in diesem Erkenntnisprozess verstehe ich, dass der Andere die Verkörperung einer einzigartigen göttlichen Idee, ein wundervolles, einmaliges Wesen ist, der mit mir auf ebenfalls einmalige und einzigartige Weise zusammenklingt. Aber, und auch dies ist eine dazugehörige tiefe Erfahrung, er kann mir nichts geben, was nur in mir ist. Ich muss meine eigene Göttlichkeit entfalten, dann – und nur dann – kann sie wundervoll mit der Göttlichkeit meines Gegenübers zusammenklingen.

Mein Partner muss nicht meine inneren Wünsche und meine unerfüllten Sehnsüchte erfüllen – sie gehen ihn gar nichts an. Wenn ich von ihm nichts mehr „verlange", dann kann es in meiner Beziehung darum gehen, worum es eigentlich gehen sollte: Ich kann mich verschenken! Dann ist Ehe oder Partnerschaft nicht Pflicht, sondern Freude, reine Lebensfreude.

Wenn Männer Frauen nicht mehr als Eigentum betrachten und Frauen Männer nicht mehr als Mittel zur Verwirklichung ihrer eigenen Wünsche missbrauchen, dann formt sich allmählich die Grundlage für eine echte Beziehung. Dann wird Liebe, Leidenschaft, Hingabe, Toleranz und Freiheit geboren.

Der Bezug auf diese fünf großen Werte – Liebe, Leidenschaft, Hingabe, Toleranz und Freiheit – rückt auf geradezu dramatische Weise in den Vordergrund, wenn wir die Stellung der modernen Frau in der Rolle der „Geliebten" betrachten. Die moralischen Strukturen in den westlichen Gesellschaften, entscheidend verknüpft und Hand in Hand gehend mit der Emanzipationsbewegung, haben sich so einschneidend verschoben, dass Frauen nicht mehr in der „passiven Form" die Geliebte spielen, sich also gleichsam mit dem Schicksal der „Zweitfrau" zufrieden geben müssen, sondern vielmehr in der „aktiven Form" selbst den Schritt hin zur „Geliebten aus eigenem Wollen" vollziehen. Die moderne Frau bestimmt über ihr Leben, also bestimmt sie auch darüber, ob sie sich einen Geliebten „nimmt" und damit selbst in die Rolle der Geliebten schlüpft – oder nicht. Gesellschaftliche, moralische, familiäre oder religiöse Tabus spielen heute nur noch eine untergeordnete Rolle. Oder sollte man vielleicht treffender von einer „unterbewussten" Rolle sprechen?
War die „Mätresse" in früheren Jahrhunderten eher mit einem negativen Image behaftet – um nicht von „anrüchig" zu spre-

chen – so gilt die moderne Geliebte, auch in den Augen ihrer Geschlechtsgenossinnen, als selbstbewusst, emanzipiert, mutig und eigenverantwortlich. Sie „holt" sich etwas, was sie in ihrer „normalen" Beziehung anscheinend oder tatsächlich nicht bekommt, aber für ihr Glück oder auch nur für ihre innere Zufriedenheit als unverzichtbar erachtet.

Ist der Alltag dieser Frauen häufig von Pflichten und Routine (Mann, Familie, Kinder) geprägt, sind die „besonderen Stunden" als Geliebte von einem ganz speziellen „Kick" charakterisiert. Sie spielen die „Königin der Nacht", weil es mit dem Geliebten gerade keinen Alltag, keine Routine, keine Sorgen und Pflichten gibt. Es geht um Genuss, um (verbotene?) Sinnlichkeit und Begierde, um das Ausbrechen aus dem als unerträglich langweilig empfundenen Alltagstrott. So weit so gut! Doch dieses Rollenverhalten funktioniert nur bei der „Ehefrau-Geliebten".

Wie stellt sich die Situation dar, wenn die Geliebte ein Single, der Geliebte jedoch ein „braver Ehemann und Familienvater" ist? Da kommen dann häufig die Abende vor dem Fernseher ins Spiel, obwohl sie nach einem harten Tag in ihrem erfolgreichen Job eigentlich jemanden gebraucht hätte, um sich auszusprechen. Das Wort vom „Ausweinen" sei hier absichtlich vermieden, denn es könnte ja für eine unerwünschte Schwäche stehen. Und wie sieht es mit dem Urlaub aus? Single-Reisen ans Tote Meer? Und was ist mit Weihnachten? Lachsbrötchen allein unter dem Plastik-Bäumchen? Hier kommen die Schattenseiten zum Vorschein; und sie sollten von jeder Frau sehr genau ins Kalkül gezogen werden.

Zudem gilt es, einen Blick auf die emotionale Seite zu werfen. Was empfindet die Geliebte für die Partnerin oder Frau ihres Geliebten? Frust, Neid, Hass, Eifersucht? Oder auch Respekt, Achtung, Toleranz und Verständnis? Hat nicht jede von ihnen bestimmte 'Rechte'? Sind diese Rechte gegeneinander abzuwägen? Hilft das Vergleichen oder ist genau das der falsche Schritt? Was hat sie, das ich nicht habe? Wer erst einmal auf diese Schiene geraten ist, der landet letztlich im Abgrund und misst schlussendlich sogar noch den eigenen Busenumfang und vergleicht ihn mit der „Rivalin". Vergleichen geschieht aus mangelndem Selbstwertgefühl und aus fehlender Achtung vor einem anderen Menschen. Die Geliebte wie auch die ursprüngliche Partnerin verbindet etwas ganz Entscheidendes: Sie suchen beide nach Liebe und Glück! Wenn beide diesen Aspekt erkennen, ist ein wichtiger Schritt zum Verstehen und zur Lösung einer schwierigen Situation getan.

Wenn alle Beteiligten die Reife haben, von Schuldzuweisungen und Moralpredigten Abstand zu nehmen, dann kann die Suche nach einer tieferen Dimension beginnen. Gibt es vielleicht in der schicksalhaften (?) Begegnung zwischen einem Geliebten und einer Geliebten (also einfach gesprochen: zwischen Liebenden !) einen tieferen Sinn oder eine verborgene geistige Bedeutung? Ist die seelische Dimension dieser Situation nicht sehr viel umfassender, als nur eine kleine Affäre oder ein unbedeutender One Night Stand zu sein? Geht es vielleicht um einen unverstellten Blick auf die eigenen unerledigten Aufgaben? Um Lebensangst, Eifersucht und Projektion? Soll mein Gegenüber vielleicht verantwortlich sein für mein eigenes Glück? Soll der Partner das leisten, was ich als Individuum, als seelisches Wesen, eigentlich selbst leisten müsste? Dann kommt der Geliebten vielleicht die Rolle zu, die im Zen der Stab des Zen-Meisters übernimmt, wenn er dem allmählich ins unkonzentrierte Dösen verfallenden Meditierenden als Weckruf auf die Schulter schlägt.

Jede Geliebte und jeder Geliebter ist auf irgendeine Weise dieser Zen-Stab für eine oder einen der Beteiligten! Liebe und Sexualität berühren das innerste Wesen jedes Einzelnen – deswegen sind sie wie kein anderes Lebensfeld dazu geeignet, verborgene „unerledigte Aufgaben" ans Licht des Tagesbewusstseins zu ziehen. Dann geht es darum, die eigenen Schattenseiten vorbehaltlos zu betrachten und zu verwandeln. Das kann äußerst schmerzvoll sein! Es gilt dann, über sich selbst zu urteilen, nicht mehr die Geliebte oder den Geliebten zu verurteilen.

In welcher Rolle eine Frau (oder ein Mann) sich in dieser Gesamtkonstellation auch befinden mag, es geht immer und vor allem UM SIE. Sie muss sich die Frage stellen: „Was hat diese Situation mit mir zu tun?" „Was soll ich aus dieser Beziehungslage lernen?" Dabei geht es sowohl um Lebensangst oder Einsamkeitsgefühle als auch um Kreativität und Vitalität. Sicherlich gibt es „langweiligere" Frauen und Männer; aber die Verantwortung für das eigene Leben und seine Gestaltung liegt immer noch in den Händen jedes einzelnen Menschen.

Wenn sich also eine Frau entscheidet, für Stunden, Tage oder grundsätzlich (wenn sie Single ist) die Rolle der Geliebten anzunehmen, dann sollte sie dies BEWUSST tun. Sie sollte ihre eigene Situation klar im Blick haben, aber auch die ihres Geliebten. – Die Gesetzmäßigkeiten bleiben natürlich die gleichen, wenn es sich um gleichgeschlechtliche Liebesbeziehungen handelt, deswegen wird dies hier nicht eigens thematisiert. – Sie muss wissen, ob sie ihre Unabhängigkeit bewahren möchte und auch bereit ist, die Unabhängigkeit ihres Geliebten zu respektieren. Sie muss wissen, wie sie die Ansprüche von anderen Beteiligten (Ehemännern, Partnern, Kindern etc.) handhaben will und welche Auswirkungen ihr Rollen-Spiel auf die Beteiligten der anderen Seite hat. Zumindest sollte sie ihr Geliebter darüber in Ansätzen informieren, wenngleich natürlich die Verantwortung dafür in weitaus stärkerem Maße bei ihm liegt.

Als Geliebte zu leben, erfordert ein Höchstmaß an Kreativität und Verantwortlichkeit, an Selbstbewusstsein und an Egolosigkeit. Letzteres mag verwundern, ist aber relativ einfach zu erklären. Wenn die Geliebte an den Geliebten ständig mit Forderungen und unerfüllbaren Wünschen (meist zur Rettung ihres eigenen Glückes!) herantritt, wird dies ganz schnell zu einer finalen Krise führen. Wenn aber die Geliebte sich in dem Maß, wie sie Glück, Zärtlichkeit und Zuwendung empfängt, auch als Glück, Zärtlichkeit und Zuwendung Schenkende empfindet, kann eine solche Beziehung für beide Beteiligte bereichernd sein. Hier geht es um hohe Lebenskunst, bei der alle viel über sich selbst zu lernen vermögen!

Noch vor fünfzig und erst recht vor hundert Jahren war der Lebensraum einer Frau sehr viel eingeschränkter als heute. Das führte dazu, dass sie, rein geographisch betrachtet, weitaus weniger Männer kennen lernte; als es für die Frau der modernen Flugreise-Gesellschaft von heute zutrifft. In einem Wort: Das Angebot und die Auswahl ist erheblich größer geworden! Oder, vielleicht esoterisch gesprochen: Die Möglichkeiten, Menschen zu treffen, mit denen man eine seelische Bindung empfindet, sind erheblich größer geworden. Es gilt heute für eine Frau der westlichen Welt weder als moralisch verwerflich noch als gesellschaftlich unerwünscht, Beziehungen zu mehreren Männern aufrechtzuerhalten. Über die Art und Weise, über Nähe und Distanz müssen die Betreffenden eigenverantwortlich selbst bestimmen. Eine Liebesbeziehung kann wenige „heiße Wochen" andauern oder sich über eine ganze Inkarnation erstrecken. Wer wollte hier Regeln oder Gesetze aufstellen?
Wenn alle Beteiligten diese Offenheit akzeptieren, kann es einen verantwortlichen und erfüllenden Umgang (für alle!) mit dieser Situation geben. Wenn alle Beteiligten aus ihrem Egoismus heraus handeln, wird diese Situation im unheilbringenden Drama enden. Sinnvollerweise sollte jede Frau sich vorher die

Rahmenbedingungen anschauen, bevor sie sich in eine diesbezügliche Beziehung stürzt! Und leider muss aus weiblicher Sicht an dieser Stelle deutlich gesagt werden: Die meisten Männer denken immer noch in Kategorien von Eroberung, Kampf, Sieg und Besitz. Sie sind noch nicht wirklich reif für Offenheit und Respekt in einer in der Tiefe spirituell ausgerichteten Beziehung. Aber frau sollte die Hoffnung bekanntlich nie aufgeben!

Die Beziehung zwischen Männern und Frauen ist in einem radikalen Umbruch begriffen. Die alten Muster und Strukturen sind definitiv zusammengebrochen und haben sich als nicht mehr zeitgemäß erwiesen. Die neuen Strukturen – müssen es überhaupt wieder Strukturen sein ? – haben sich noch nicht gezeigt. Vielleicht werden sie auch gar nicht erkennbar sein, weil die „neuen Beziehungen" auf Kreativität, Achtsamkeit, Respekt und Liebe aufgebaut sind. Dazu bedarf es dann keiner neuen Regeln, Strukturen und Muster, denn vielleicht ist auch „die Liebe ein pfadloses Land"?

Liebe und Beziehung sind letztlich auch ein Weg zu uns selbst. Es gilt um Selbstannahme, um die Abenteuerreise zum eigenen wahren ICH und um den Mut, man (frau) selbst zu sein. Jeder Partner oder Geliebte kann dafür ein wundervoller Weg-Begleiter oder ein Spiegel sein, in dem wir letztlich aber nur eines sehen: UNS SELBST!

6.

Eifersucht

Seit es Menschen gibt, gibt es das wundervolle Geheimnis der Liebe und die abgründigen Dramen der Eifersucht. Häufig wird mehr über Eifersucht als über Liebe gesprochen, da die Auswirkungen der letzteren meist so verhängnisvoll sind, dass sie negative Schlagzeilen machen. Die vielen erfüllenden Liebesbeziehungen sind keine „Story", aber der eifersüchtige Ehemann, der seine Frau und ihren Geliebten ersticht, findet sich auf der Titelseite der Boulevard-Presse wieder.

Wir wollen versuchen, der Frage nachzugehen, warum Themen wie Eifersucht, Treue, Besitz, Seitensprünge und Verhältnisse einen so hohen Stellenwert im menschlichen Leben bekommen haben – und warum sie so stark mit ANGST besetzt sind.

Es gibt zahllose schöne Veröffentlichungen, die in hehren Worten über die universelle, die bedingungslose, die absolute Liebe schreiben und über die 'finale' Verschmelzung zweier Seelen zu einem höheren Ganzen. Alle sind EINS und alle sind in Liebe verbunden. Das klingt überaus romantisch und verklärt die Liebe ein wenig im Ungeist moderner „Daily Soaps", die zwischen 18 und 20 Uhr in allen Fernsehprogrammen laufen. Aber wie sieht die Realität im 21. Jahrhundert in den westlichen Gesellschaften aus?

Wenn eine Frau entdeckt, dass ihr Mann oder Freund seit Jahren eine Beziehung (Affäre ?) mit ihrer besten Freundin hat, dann ist es meist mit der „absoluten Liebe" nicht sehr weit her. Die Wirklichkeit spricht eine harte, meist wenig romantische oder spirituelle Sprache. Da geht es um die klassische Eifersucht („Was hat sie, was ich nicht habe?"), um Verlustängste und um menschliche Enttäuschungen. Schöne Bücher mit rosa Einband über die große universelle Liebe helfen dann plötzlich gar nicht mehr. Der Alltag sieht grau und düster aus. Sie fühlt sich hintergangen, betrogen und missbraucht. Alle diese Gefühle sind weit weg von einer tiefen Spiritualität – aber sie sind da. Sie existieren und fordern massiv ihr Recht ein! Was ist zu tun?

Es gibt Ansätze in der modernen Psychologie, die empfehlen, über Eifersucht und Untreue nicht zu sprechen. Alle Beteiligten sollten über die Situation Schweigen bewahren und die eigenen Gefühlswogen zu glätten versuchen. Das kann man natürlich machen; aber wäre es nicht angebracht, erst einmal die Frage zu untersuchen, was TREUE eigentlich meint? Schon das Wort „Un-Treue" zeigt die negative Prägung des „Un" an, wie in Unfall, Unglück oder Ungenügend. Die Treue dagegen, die in der deutschen Sprache aus dem Mittelhochdeutschen „triuwe" entstanden ist, bezog sich auf Verlässlichkeit, auf innere Bindung und Seelenverwandtschaft. Die inneren Qualitäten, die darin zum Ausdruck kamen, spielten auf einer viel höheren Ebene als jener von „Bettgeschichten". Es ist seltsam, dass in unserer Zeit „Treue" praktisch ganz auf die sexuelle Dimension beschränkt wird. Jahrzehntelang war beispielsweise im Scheidungsrecht die „eheliche Untreue", im Sinne des „Seitensprunges" (allein das Wort ist schon ein Monstrum!), von zentraler Bedeutung. Als wenn Sex der Kern einer Liebesbeziehung wäre!? Oder trifft diese Annahme für Sie tatsächlich zu?

Wenn in einer Beziehung, vielleicht wäre es angebracht, zum klareren Verständnis, von einer „verbindlichen Beziehung" zu sprechen, Neben-Beziehungen ins Spiel kommen, entsteht häufig Unklarheit. Es zeigt sich vielfach ein „energetisches Ungleichgewicht", das in der Regel für alle Beteiligten spürbar ist. Meistens geht es mit starken Emotionen einher, die von Enttäuschung und Verzweiflung über Zorn und Wut bis hin zu Racheschwüren reichen können. Sollten Ihnen diese Gefühlsaufwallungen vertraut sein – lassen Sie sie zu! Sie können sie nach außen bringen, was häufig, wenn sie auf die anderen Beteiligten gerichtet sind, wenig hilfreich ist. Ein emotionaler Angriff löst meist eine emotionale Abwehrreaktion aus. Sie können sie durch Schreien oder hemmungsloses Schluchzen zum Ausdruck bringen, aber nur, wenn Sie allein in Ihren vier Wänden sind. Dann nehmen Sie sich einen Moment zurück und betrachten sich gleichsam von außen? Möchten Sie sich so sehen?

Vielleicht schreiben Sie Ihre Gefühle auch auf oder Sie stürzen sich in wilden Aktionismus. Da werden Wohnungen oder Häuser vollständig umgeräumt oder es gibt eine ungehemmte Urlaubsreise mit der besten Freundin (der es vielleicht gerade ähnlich geht!), bei der Sie so richtig „die Puppen (sprich Männer) tanzen lassen". Nur steht am Ende dieser Ausbrüche noch immer das alte Problem. Wie gehen Sie mit Ihrem Mann, Freund oder Partner jetzt um? Lassen Sie Ihr Leben weiterlaufen wie bisher, nach dem Motto: „Business as usual" oder „The Show must go on!" ? Oder nutzen Sie diese Gelegenheit, um sich die allein wichtige Frage zu stellen: „Was will mir diese Situation klarmachen?"

Wenn Sie in der „Eifersuchts-Falle" stecken, dann geht es nur um einen Menschen: Um Sie selbst! Sie können eine ganz entscheidende Lehre aus dieser Lektion ziehen. Es geht um Ihr Selbstwertgefühl. Es geht um Ihren Minderwertigkeitskomplex.

Es geht in letzter Konsequenz um Ihren innersten Wesenskern. Auf ganz einzigartige Weise hat dies Manuela Oetinger in ihrem großartigen Buch „Beziehungen im Spiegel der Aura" aufgezeigt. Sie macht darin deutlich, dass gerade Beziehungskrisen einmalige Chancen für inneres Wachstum enthalten. Die ganze Palette des Themas „Eifersucht" spiegelt Ihnen alle „unerledigten Hausaufgaben", von der Einsamkeit über die Lebensangst bis hin zur Sinnsuche. Der 'untreue' Partner ist nur der sinnstiftende Katalysator, der Sie zu einem inneren Erwachen bringt. Vielleicht führt dieses Aufwachen dann erstmals zu einem wirklichen Dialog – zwischen Ihnen und allen Beteiligten. Wenn es Ihnen gelingt, diesen Schritt zu machen, werden Sie sehr viel über menschliche Bedürfnisse lernen: Über Ihre und über die anderer Menschen. Darin geht es um Respekt, um Verständnis oder um „das Nährende" in einer Beziehung. Ihr Partner hat sich vielleicht gar nicht auf eine andere Beziehung eingelassen, weil die andere Frau so viel „toller" ist als Sie, sondern vielleicht weil er von ihr etwas empfangen hat, was er als „nährend" oder „bereichernd" für sein eigenes Leben empfunden hat. Es geht also gar nicht „gegen Sie", sondern es geht um das „für ihn". Es bedarf hier keines großen Hinweises, dass diese Struktur natürlich zwischen den Geschlechtern austauschbar ist. Sie gilt für Männer und Frauen gleichermaßen.

Eifersucht, wenn sie in ihrer zerstörerischen Komponente gelebt wird, führt Sie weg von Ihrer Wesensmitte. Sie ist eine immens zerstörerische, destruktive Energie, die nur Schaden anrichtet und kein einziges Problem löst. Sie führt letztlich zu einem Verlust der Selbstachtung und der Selbstkontrolle. Sie endet irgendwann vor einem Beziehungs-Scherbenhaufen, vor dem die Eifersüchtige (der Eifersüchtige) in Selbstmitleid versunken wie ein Häufchen Elend sitzt und über die Ungerechtigkeit der Welt jammert. Das Leben hat es so, so schlecht mit einem gemeint. Alle sind glücklich, nur man selbst ist benachteiligt worden und hat nicht genug vom Glück abbekommen. Nehmen Sie sich in Ihrem Kummer einmal zurück und schauen sich dieses Bild an. Möchten Sie so leben?

Wie beginnt die Eifersucht? Sie beginnt mit Vergleichen und sie endet mit Verlustangst! Eine Frau, die nur über ein geringes Selbstwertgefühl verfügt, wird zwangsläufig nach der „starken Frau" schauen und annehmen, ihr Mann oder Partner finde sie attraktiver. Diese Stärke liegt auch in Ihnen! Sie sind eine einzigartig schöne und attraktive Frau! Seien Sie sie selbst! Es ist völlig unbedeutend, ob eine andere Frau beruflich erfolgreich, mit körperlichen Idealmaßen versehen oder der Intelligenz eines NASA-Computers ausgestattet ist. Sie sind Sie! Sie sind mit nichts zu vergleichen! Erst wenn Sie diese Einzigartigkeit auch anerkennen, sind Sie wirklich beziehungsfähig. Und wo bleibt dann ein Grund für Eifersucht? Sie können Ihr wunderschönes inneres Licht ausstrahlen, wo immer Sie gerade stehen und leben. Sie bereichern die Welt und Ihre Beziehungen um Ihre einzigartige (spirituell gesprochen würde man sagen: göttliche) Qualität. Da geht es nicht mehr um Besitz und Angst, sondern um Sich-Verschenken und um wirkliche Liebe. Sie werden nicht länger durch die negative Kraft der Eifersucht bestimmt, sondern durch die positive Kraft der selbstlosen Liebe. Selbstlos in diesem Zusammenhang meint die Umkehr in einer Beziehung vom Haben-Wollen zum Geben-Wollen. Wenn Ihr Lebensziel darin besteht, andere glücklich zu machen, indem Sie Ihre Herzensqualität weiterschenken, dann wird über diesen wunderbaren Fluss der Liebe so viel auch zu Ihnen fließen, dass Sie nicht mehr das Gefühl haben, sie „bräuchten" einen Partner, um eine mögliche innere Leere zu füllen. Sie sind innerlich erfüllt – und dadurch werden Sie reif für eine wahre Partnerschaft oder wahre Partnerschaften.

Unterschätzen Sie niemals die Macht der Eifersucht! Eifersucht ist eine außerordentlich schlaue und trickreiche negative Kraft. Sie verkleidet sich in schöne Worte und zerstört im „Namen der Liebe". Sie setzt vor allem die erpresserische Waffe von Schuldgefühlen ein. „Wenn Du mich wirklich lieben würdest, dann würdest Du keinen Tag ohne mich verbringen!" „Wenn Dir unsere Liebe wirklich wichtig wäre, dann würdest Du nicht mit .... dorthin fahren!" „Wenn Du wüsstest, wie schlecht es mir allein zu Hause geht, dann würdest Du abends nicht noch mit anderen Leuten weggehen!" Die Reihe dieser Sätze wäre beliebig fortzusetzen. Jede Frau hat sie schon gehört oder selbst gesagt. In Wahrheit heißen diese Sätze aber ganz anders. „Ich habe Angst, allein zu sein. Ich komme mit mir nicht allein zurecht!" „Mein Alltag ist so langweilig. Du bist dafür verantwortlich, dass es mir besser geht!" Auch die Reihe dieser Sätze wäre beliebig fortzusetzen.

In ihrer Essenz ist Eifersucht die Angst des kleinen menschlichen Egos – bei Frauen wie bei Männern. Der Partner soll die eigenen unerledigten Hausaufgaben lösen. Er ist verantwortlich für mein Glück! Doch natürlich ist er es nicht. Niemand außer Ihnen selbst kann Ihre innere Leere füllen und einen Sinn in Ihr Leben bringen. Wenn die Eifersucht sie überwältigt – und sie wird mit absoluter Sicherheit in ihr Leben treten – dann zeigt Sie Ihnen schonungslos auf, wo die Lernaufgaben in Ihrem Leben liegen. Nehmen Sie diese Herausforderung dankbar an, nutzen Sie sie – und verwandeln Sie sich. Sie werden erstaunt sein, wie sich Ihr Beziehungsleben verändert und wie schnell das Gespenst der Eifersucht verschwindet.

Sie werden nach dieser Transformation mit neuen Augen auf Ihren (jeden) Partner schauen und vielleicht erkennen, dass es Aspekte in seinem Leben gibt, die sie nicht erfüllen können. Aber das spricht nicht im Geringsten gegen diese Beziehung. Vielleicht werden Sie im selben Augenblick auch feststellen, dass es Ihnen ähnlich geht. Und auch das spricht natürlich nicht gegen diese Beziehung. Ganz im Gegenteil: Wenn es Ihnen gelingt, mit Ihrem Partner offen über Aspekte zu sprechen, die durch andere Menschen „nährend" in ihr Leben gebracht werden, dann wird diese Offenheit Ihre Beziehung in einem für Sie bisher ungeahnten Ausmaß stärken. Außerdem wird diese Offenheit eine starke Außenwirkung auf die ebenfalls beteiligten Personen ausüben und wäre ein erster, ganz wichtiger Schritt, um neue Dimensionen im zwischenmenschlichen Zusammenleben aufzuzeigen.

Wenn Sie klug mit Ihrem Leben umgehen, kann es Ihnen gelingen, die latent in jedem Menschen angelegte Eifersucht bereits innerlich zu transformieren. Dann werden Ihnen die äußeren „Dramen" erspart bleiben. Das wäre natürlich wünschenswert, zumal in den klassischen Eifersuchtskonflikten sehr viel Negatives freigesetzt wird, was einst von allen Betroffenen wieder aufgelöst werden muss.

„Wo Liebe ist, kann Leid nicht sein", lautet ein häufig zitierter Satz von Krishnamurti. Und natürlich kann es keinen Zweifel geben, dass das Wort „Leid" auch durch das Wort „Eifersucht" ersetzt werden könnte. Liebe lässt verstehen. Liebe lässt zu. Liebe will nicht Besitz ergreifen. Liebe zeigt, dass es nicht um Nehmen und Haben-Wollen, sondern um Geben und Sich-Verschenken geht.

7.

Männer und Frauen passen nicht zusammen....?

Zahllose populäre Ratgeber-Bücher, wonach Männer vom Mars sind und einparken können, während Frauen von der Venus stammen und gerade dies nicht können, haben dazu beigetragen, eine Diskussion anzuregen, die weitaus tiefgreifender ist als die Bücher, die sie initiierten.

In den Zeiten unserer Großmütter standen die „Spielregeln" fest. Männer übernahmen ihre Rolle, die Frauen ebenso. Zumindest nach außen, für „die Leute", wurden diese gesellschaftlichen Vorgaben auch ziemlich konsequent eingehalten und erfüllt. Seit den sechziger Jahren des vorigen Jahrhunderts haben sich die Verhältnisse dramatisch verändert. Galten früher gesellschaftliche Sitten und kirchliche Moral als prägende Instanzen, so sind sie heute weitgehend durch Ideale ersetzt, die ganz oben auf ihrer Skala Begriffe wie Freiheit, Selbstverwirklichung und Unabhängigkeit stehen haben. Dies gilt es zuerst einmal als Faktum festzuhalten, ganz unabhängig von irgendeiner Bewertung. Neben diesen allgemeinen gesellschaftlichen Veränderungen stehen die geschlechtsspezifischen Revolutionen, wonach Männer nicht mehr „zur Jagd" gehen und Frauen nicht mehr „das Feuer hüten". Die modernen Gesellschaften weisen selbstständige Individuen aus, die als Männer wie auch immer mehr als Frauen ihr eigenes Einkommen haben.

Die Veränderungen im Äußeren mussten zwangsläufig auch zu Veränderungen im Inneren führen. Das Innenverhältnis von Ehen oder Partnerschaften ist heute nicht nur weitgehend von Gleichberechtigung geprägt, sondern hat auch eine neue Tiefendimension gewonnen. In Beziehungen von bewusst lebenden Menschen wird das Zusammenleben verstärkt als eine Begegnung von „Seelen" und als eine „Reise zu zweit" erfahren. Man lebt zusammen, um sich auszutauschen, sich zu berühren, sich zu begegnen, sich Freude zu schenken und miteinander etwas zu gestalten. Die Formel dafür kann kurz zusammengefasst werden in dem Satz: „Je bewusster eine Beziehung ist, desto mehr zeigt sich in ihr Respekt, Liebe und gegenseitig eingeräumte Freiheit." Der Partner wird nicht mehr als „Eigentum" oder „Besitz" verstanden, sondern eher als „Spiegel der eigenen Seele". Früher fand sich häufig ein schwacher Partner zu einem starken, um Schwächen und Stärken zu kompensieren. Heute, wo die Stärken und Schwächen nicht länger unterdrückt, sondern in vielen Partnerschaften offen angesprochen werden, geht es eher darum, mit dem Gegenüber zusammen zu wachsen und noch unerledigte „Hausaufgaben" endlich selbst zu bearbeiten. Dazu bedarf es eines geschützten Raumes, den sich jede Beziehung schaffen sollte, denn beim Bügeln, bei den Hausaufgaben mit den Kindern oder vor dem Fernseher wird keine Gelegenheit sein, über Tiefgreifendes zu sprechen. Hier ist Stille, Achtsamkeit, Zweisamkeit und Fingerspitzengefühl gefragt; denn diese Momente sind es, die in Wahrheit den Wert und die Substanz einer Beziehung ausmachen.

Da sich das klassische Rollenverhalten radikal gewandelt hat, Männer Vaterschaftsurlaub nehmen und junge Mütter wieder ihrem Beruf nachgehen, sind die Werte einer Beziehung von außen nach innen verschoben worden. Es geht heute in vielen Verbindungen mehr darum, im anderen ein „seelenverwandtes Wesen" zu sehen, als sie oder ihn in einer klassischen Frauen- oder Männer-Rolle wahrzunehmen. Dabei zeigt sich, dass auf der seelischen Ebene der Unterschied zwischen Männern und Frauen immer geringer wird. Zwar dominiert noch immer im Mann die mentale, rationale, aktive Seite, während in der Frau die emotionale, mystische und rezeptive Seite im Vordergrund steht, doch auch diese beiden Welten nähern sich immer mehr an. Frauen erwerben mentale Klarheit und Männer lassen Gefühle und Intuition zu. Die Männer gestatten also ihrer „weiblichen Seite", sich in ihnen zu entfalten, während umgedreht die Frauen lernen, auch ihre „männlichen Aspekte" zuzulassen. Je wacher und bewusster dies geschieht, desto leichter fällt es den Partnern einer Beziehung, sich von Wesen zu Wesen zu begegnen – und nicht länger primär von Mann zu Frau. Ein ganzheitliches (holistisches) Verständnis von Beziehung beginnt allmählich Gestalt anzunehmen. Wird dies gesellschaftliche Wirklichkeit, dürfte das die Gesellschaft noch stärker verändern als die sogenannte „sexuelle Revolution" der Achtundsechziger.

Das Beispiel einer Frau von Anfang vierzig, wir wollen sie hier Susanne nennen, steht exemplarisch für den Übergang vom alten Rollenmodell zum neuen Frauenbild.

Susanne arbeitete als selbstständige Redakteurin in einem Lokalmagazin. Sie lebte seit acht Jahren allein mit ihrem Sohn, nachdem ihr Mann sie wegen einer anderen Frau verlassen hatte. Nachdem sie den Schock überwunden hatte, hatte sie sich vorgenommen, von nun an ihr Leben in die eigenen Hände zu nehmen. Das Leben empfand sie als Kampf, dem man/frau sich stellen musste. In der Zeitung, in der sie arbeitete, waren überall Männer in den leitenden Positionen, die sie spüren ließen, wie wenig Sympathien sie für eine alleinerziehende Mutter hatten, die ihren Sohn selbst dann allein zu Hause ließ, wenn er krank war. Doch für Susanne gab es keine andere Chance, denn sie musste beweisen, wie gut sie war, um ihren Job zu behalten. Die Doppelbelastung (physisch wie psychisch) zerriss sie oft innerlich, aber sie hatte, so meinte sie, gelernt, hart gegen sich selbst und gegen andere zu sein. Um nicht wieder in eine emotionale Abhängigkeit zu geraten, ließ sie sich nicht einmal auf eine neue Beziehung ein, sondern unterdrückte ihre weibliche Seite und alle damit verbundenen tiefen Gefühle. Dies hielt sie viele Jahre so durch, bis der Tag kam, an dem ihr ihre Frauenärztin mitteilte, dass sie an Gebärmutterhalskrebs erkrankt war. Es war, als wenn sie mit 100 km/h gegen ein Stopp-Schild gefahren wäre. Alles brach in ihr zusammen. Ihr ganzes Rollenverhalten löste sich in wenigen Stunden in Nichts auf, und sie erkannte, dass sie ihre Weiblichkeit vollständig unterdrückt hatte. Diese brutale Missachtung ihres eigentlichen Wesens führte zu einer Krankheit, die sie aufwachen ließ. Auch bei Susanne bestätigte sich die alte Weisheit: „Leid leitet!"

Sie erkannte durch intensive Beratungsgespräche und durch eine immer größere Offenheit sich selbst gegenüber, dass sie versucht hatte, ein besserer Mann als die Männer in ihrer Umgebung zu sein. Die Verleugnung ihrer weiblichen Seite ging so weit, dass sie nicht einmal mehr Röcke besaß, da sie immer nur in Hosen-Anzügen in die Öffentlichkeit ging. Schritt für Schritt fand Susanne wieder zu sich selbst zurück, nahm ihre Weiblichkeit an, öffnete sich auch wieder für eine Beziehung und überwand so allmählich ihre Krebserkrankung. Wenn sie heute auf die Röcke in ihrem Kleiderschrank schaut, muss sie gelegentlich schmunzeln über ihr „altes Ich". Heute versteht sie sich selbst und das Wesen von Männern und Frauen völlig anders – und allmählich veränderte sich so auch das Verhalten der Männer ihr gegenüber.

Vielleicht sind es heute noch mehr die Frauen, die eine Pionier-Rolle beim Aufbau eines neuen Verständnisses von Beziehungen leisten, doch ist dies, wie jede Pionier-Tätigkeit, nur ein Voranschreiten in der Zeit, nicht ein Unterschied in der menschlichen Wesensqualität.

Es liegt auf der Hand, dass es nicht im Sinne einer höheren Weltordnung sein kann, Einsichten nur mittels Krankheiten zu gewinnen. Zwar sind es gerade Beziehungen und Partnerschaften, die noch immer die größte Quelle für menschliches Leid darstellen, doch gleichzeitig sind sie es auch, welche die Keimzellen für ein neues Bewusstsein im Zusammenleben von Männern und Frauen erzeugen.

Um nicht missverstanden zu werden: Es geht nicht darum, Männer und Frauen austauschbar zu machen. Frauen offenbaren auch weiterhin die weibliche Seite der Schöpfung und Männer die männliche. Zumindest solange sie in einer Erdeninkarnation leben! Alle großen spirituellen Traditionen kennen die weibliche Seite des Göttlichen, möge sie Shakti, Maria, Sophia, Kwan Yin oder Tara heißen. Aber die Betonung liegt dabei auf „göttlich", nicht auf „weiblich"! Es geht für die moderne Frau darum, ihren innersten Wesenskern zu entdecken, der nicht mehr vorrangig geschlechtsspezifisch ist. Gleiches gilt natürlich auch für die Männer. Wenn dieser Schritt nach innen erfolgt ist, ereignet sich die Begegnung zwischen Männern und Frauen in einer ganz anderen Tiefendimension. Aber natürlich bleibt auch dann eine Frau eine Frau und ein Mann ein Mann. Aber in diesem neuen spirituellen Bewusstsein – passen sie zusammen!

Beziehungen im Spiegel der Farben

Der Mensch lebt im Spannungsfeld zahlloser Einflüsse. Eines der interessantesten, wenngleich seltsamerweise am wenigsten beachteten, ist das Feld der Farben. In den letzten zehn Jahren hat es eine Reihe faszinierender Forschungen gegeben, die den Einfluss der Farben auf die menschliche Psyche in zahlreichen Gebieten detailliert belegt haben. Ihnen allen war das gemeinsam, was das wunderbare Farbheilungssystem Aura-Soma schon vor fünfundzwanzig Jahren herausfand, als nämlich seine Begründerin, die Engländerin Vicky Wall, den Satz prägte: „Du bist die Farbe, die Du wählst."

Nachstehend soll daher anhand einiger Übungen deutlich gemacht werden, welchen tiefgreifenden Einfluss Farben auf unser Befinden haben. Wenn es zutrifft, das die Farbe gleichsam die „Ursprache" der Menschheit ist, dann sagen Farben sehr viel über ihre Träger aus. Die rote Bluse oder der violette Hosenanzug sind dann nicht nur „zufällig" gewählt, sondern im tieferen Sinne ein Spiegel unserer Persönlichkeit.

Die Farben, die wir tragen oder mit denen wir uns in unserer Wohn- oder Arbeitswelt umgeben, repräsentieren unsere innere Befindlichkeit und wirken im Gegenzug natürlich auch von außen auf diese ein. Jeder kennt die Bedeutung der „roten Ampel", des „blauen Himmels" oder der „grauen Wolken". Und noch immer wird im „weißen Kleid" und nicht im schwarzen Pullover geheiratet. Farben sind Symbole und Botschaftsträger in fast allen Situationen des menschlichen (Zusammen-) Lebens. Sie offenbaren, nicht selten unbewusst, menschliche Gedanken und Gefühle. Wer also mit offenen Augen das Spiel der Farben betrachtet, schaut über sie, wie in einem Spiegel, in die Seele seines Gegenübers.

Die nachfolgenden Übungen können Ihnen in zweierlei Hinsicht wertvolle Dienste leisten: Zum einen enthalten sie einen Schlüssel zum Verständnis Ihres eigenen Wesens, zum anderen öffnen sie einen Zugang zum verborgenen Innersten ihres Gegenübers. Die Farbe erzählt Ihnen etwas über Sie selbst – und sie erzählt Ihnen etwas über Ihren Mann, Partner, Freund oder Kollegen. Nutzen Sie die Kraft der Farben, um sich selbst zu stärken oder andere Menschen und die WELT besser zu verstehen.

Um sich vor einer absichtlichen oder unabsichtlichen Selbst-Manipulation zu schützen, möchte ich Ihnen ans Herz legen, sich zuerst für eine Farbe zu entscheiden und dann über deren Bedeutung nachzulesen. Andernfalls besteht die Gefahr, dass Sie nicht mehr spontan und vorurteilslos auswählen. Bei der Farbauswahl können Sie zwischen zwei „Ebenen" unterscheiden: Der Ebene 1, welche die „klassischen" Farbtöne enthält, und der Ebene 2, die Farbtöne beinhaltet, die ich „Zeitgeist-Farben" nennen möchte.

Übung 1

Durch welche Farbe würden Sie sich im Hier und Jetzt charakterisieren? Bitte wählen Sie zwischen zwei Ebenen:

Ebene 1: Rot – Orange – Gelb – Grün – Blau – Violett – Weiß

Ebene 2: Gold – Türkis – Magenta – Rosa – Koralle – Olivgrün

ROT:

Über die rote Farbe verbinden Sie sich mit Ihrer innersten Kraft und Stärke. Diese Farbe hilft Ihnen, Ihre volle Dynamik zu entfalten. Wenn Sie andererseits diese Qualität nicht entfalten oder nicht ausleben, kann sie sich zu einer destruktiven Energie verwandeln. Sie müssen sich dann mit Ihrer unterdrückten Wut oder einer kaum noch zu bändigenden Aggression auseinandersetzen. Dabei geraten Sie mitunter in einen Grenzbereich, in dem Sie sich über Ihre eigenen Abgründe erschrecken.

Lassen Sie also die Kraft des Rot in Ihrem Leben zu, um von ihrer konstruktiven Energie zu profitieren!

ORANGE:

Die Energie von Lebensfreude, Wärme und Freundlichkeit. Wenn Sie die Kraft des Orange in Ihrem Leben zulassen, werden andere Menschen und Ihre gesamte Umgebung Sie als einen ständigen Freudenquell und einen immer leuchtenden Lichtpunkt empfinden.

Eine kleine Warnung sollten „klassische Orange-Frauen" jedoch beachten: Es gibt Menschen, die innerlich über so wenig eigene Lebensfreude und Herzlichkeit verfügen, dass Ihr ständiges „Strahlen" und „Leuchten" bei ihnen Aggressivität auslöst.

In solchen Fällen gebietet es die Vernunft, sich eher ein wenig zurückzuhalten, als mit Macht zu versuchen, den anderen auch „glücklich zu machen". Das kann von diesen als eine unerwünschte „Zwangsbeglückung" empfunden werden.

GELB:

Gelb drückt Ihre Emotionalität aus. Wenn Sie Schwierigkeiten damit haben, Ihre Gefühle nach außen zu zeigen, sollten Sie sich intensiv mit der gelben Farbe auseinandersetzen. Wenn Sie dem Gelb mehr Raum in Ihrem Leben geben, werden Sie wahrscheinlich feststellen, dass es Ihnen leichter fällt, Emotionen zu zeigen und Gefühle wie Mitleid, Freude oder Schmerz offen auszudrücken, auch wenn Sie sich dadurch verletzlich zeigen. Sie werden nach einiger Zeit bemerken, dass es eher von Stärke als von Schwäche zeugt, wenn man seine Gefühle anderen offen zeigt. Mitgefühl und spontan geäußerte Lebensfreude sind Gefühle, die allen Menschen gemeinsam sind. Sie zu zeigen und mit anderen zu teilen, drückt eine Anerkennung der großen Einheit allen Lebens aus.

Mit der häufigeren Verwendung von Gelb machen Sie einen wichtigen Schritt, um Ordnung in Ihr Gefühlsleben zu bringen.

GRÜN:

Grün steht für Aufbruch, für neue Lebensräume und für eine neu gewonnene oder neu zu gewinnende Freiheit. Wenn Sie der Farbe Grün stärkeres Gewicht in Ihrem Leben geben, werden Sie neue Impulse aus Ihrer Wesensmitte freisetzen. Sie gewinnen größeren Lebensmut, um zu neuen Ufern aufzubrechen. Auf der „anderen Seite" des Lebens warten ganz neue Horizonte auf Sie!

Das Grün öffnet zudem einen bisher völlig unbekannten Zugang zu Ihrem Herzen; und bekanntlich „sieht man ja nur mit dem Herzen gut". In Ihrem Herzen liegt der Schlüssel zum innersten Geheimnis Ihres Lebens. Allerdings gehört Mut dazu, den Schlüssel zur Tür des Herzens auch wirklich umzudrehen. Die grüne Farbe kann Ihnen dabei hilfreich zur Seite stehen.

BLAU:

So klar wie der blaue Himmel, so klar sollten die menschlichen Gedanken sein! Da dies nur selten der Fall ist, wird Ihnen das Blau dienlich sein, um innere Ruhe, Klarheit und Einsicht zu gewinnen. Nur wenn die „Affenhorde Ihrer Gedanken" eingefangen und geordnet worden ist, können sich Inspiration und Intuition einstellen. Innere Unruhe und mentales Chaos sind nicht geeignet, um Impulse aus einer höheren Wirklichkeit aufzunehmen. Die innere Unruhe gleicht einem aufgewühlten See, der auch kein klares Bild mehr von den ihn einrahmenden Bergen und Wiesen zu spiegeln vermag.

Ideen und Gedankenblitze können nur dann Ihr Tagesbewusstsein erreichen, wenn Sie dem Wirrwarr der Gedankenflut Ihres täglichen Lebens Einhalt gebieten und zur inneren Ruhe kommen.

VIOLETT:

Das mystische Violett symbolisiert die Tiefen des Geistes und die Unergründlichkeit des großen Lebensgeheimnisses. Wenn Sie sich verstärkt auf die Suche nach dem Sinn des Lebens und den großen Gesetzen des Universums begeben möchten, wird Ihnen das Violett hilfreich zur Seite stehen. Sie werden allmählich die Zusammenhänge DES Lebens und IHRES Lebens erfassen. Schicksalhafte Momente und Begegnungen beginnen sich Ihnen zu erschließen; und Sie erkennen das große Panoramabild des Lebens, wo Sie bisher nur kleine Puzzle-Teile in der Hand hielten, ohne das große GANZE erfassen zu können.

Das Violett könnte allerdings dazu führen, dass Sie manches Oberflächliche in Ihrem Leben, Menschen eingeschlossen (!), aufgeben und zu einer neuen Ernsthaftigkeit aufbrechen. Prüfen Sie sich zuerst, ob Sie dazu auch bereit sind!

WEISS:

Die weiße Farbe oder das weiße Licht stehen für „Anfang und Ende". Sie symbolisieren den Abschluss einer Epoche, einer Beziehung oder einer beruflichen Tätigkeit; und sie schenken die Kraft für den Neubeginn, für die Klärung alter Bande und für die innere Reinigung. Dabei muss nicht alles Alte über Bord geworfen werden. Vieles war wertvoll und sollte auf den neuen Weg mitgenommen werden. Das gilt für Einsichten wie für Menschen. Manche Einsichten erweitern sich und werden in dieser Erweiterung bewahrt; manche Menschen verändern sich und bleiben so, in welcher Intensität auch immer, lebenslange Wegbegleiter auf der großen Lebensreise.

Neben diesen „klassischen" Farben sind in den letzten Jahren weitere Farbtöne oder Farbmischungen bedeutsamer geworden, weshalb es sinnvoll erscheint, auch auf diese kurz einzugehen. Auch sie können Ihnen etwas über sich selbst oder die Menschen in Ihrer Umgebung sagen. Sie können Ihnen helfen, Ihre eigenen Schwächen zu erkennen oder Ihre eigenen Stärken auszubauen.

GOLD:

Gold steht für innere Weisheit und Selbstvertrauen. Wenn Sie diese Farbe verstärkt in Ihrem Leben zum Ausdruck bringen, wird es Ihnen leichter fallen, Ihre inneren Qualitäten auch in der Außenwelt zu manifestieren. Das Gold in Ihrer Kleidung oder in Ihrem Lebensumfeld kann Ihnen eine Hilfestellung bieten, um die Schätze (das Gold) in der Schatzkammer Ihres Herzens zu finden.

TÜRKIS:

Im Türkis finden Sie die unerschöpfliche Kreativität von Mikro- und Makrokosmos sowie die Fähigkeit, innere Werte und Ideen nach außen zu kommunizieren. Wenn Sie Menschen von Ihren Ideen und Zielen begeistern wollen, dann setzen Sie verstärkt auf die Powerfarbe Türkis! Sie wird Ihnen helfen, neue Wege des Ausdrucks und der Motivation anderer zu entdecken.

Auch wenn Sie sich einmal in einer schwierigen Situation zwischen zwei Wegen (oder Personen) entscheiden müssen, bietet sich das Türkis als unterstützendes Hilfsmittel an, um innere Klarheit zu gewinnen. Türkis hilft Ihnen auch, dem Leben eine spielerische Leichtigkeit abzugewinnen.

MAGENTA:

Magenta steht für Achtsamkeit, Sorgsamkeit und Einfühlsamkeit – meistens gegenüber anderen. Aber nehmen Sie sich, wenn Sie ein „Magenta-Typ" sind, auch genügend Zeit und Raum für Ihre eigenen Belange? Der bewusste Einsatz von Magenta in Ihrem Leben vermag Ihnen zu helfen, auch auf Ihre eigenen Bedürfnisse und Ihre berechtigten Wünsche zu achten.

Nur wenn der innere Lebensquell gefüllt ist, können andere daraus schöpfen. Wenn Sie ständig nur auf der Geber-Seite stehen, kommt eines Tages der Punkt, wo auch Sie zu stärkeren Menschen gehen müssen, um selbst einmal auf der Nehmer-Seite zu stehen. Die Vernunft gebietet es, bereits vorher darauf zu achten, den eigenen Kraftquell zu füllen, um nicht in eine solche Defizit-Situation zu geraten.

ROSA:

Die unstillbare Sehnsucht nach Liebe! Wenn Sie ein „Rosa-Typ" sind, haben Sie wahrscheinlich ein großes Problem damit, in Ihren Beziehungen eine Grenze zu ziehen. Sie sind ein so liebevolles Wesen, dass Ihnen nichts wichtiger ist, als die Liebe, die in Ihrem Herzen wohnt, unaufhörlich zu verschenken. Dadurch können Sie jedoch oft in eine Situation kommen, in der Sie sich ausgenutzt oder missverstanden fühlen. Dann benötigen Sie Abgrenzung und einen bewussten Rückzug in das eigene Innere. Sie müssen lernen, die Lebenssituationen, in denen Sie sich befinden, wieder realistisch einzuschätzen. Vielleicht wäre es hilfreich, einige Tage der Farbe Blau besondere Zuwendung zu schenken!

KORALLE:

Es ist Zeit für einen Neuanfang! Wenn Sie Korallen-Töne über alles lieben, sollten Sie sich vielleicht die Frage stellen, ob etwas in Ihrem Leben eigentlich zu Ende gegangen ist, Sie sich aber noch nicht eingestehen wollen, dass es so ist. Im Grunde Ihres Herzens hängen Sie noch an den schönen Bildern und Erinnerungen der Vergangenheit. Es wäre aber Zeit, etwas Neues zu beginnen und zu neuen Ufern aufzubrechen.

OLIVGRÜN:

Nach innen führt der geheimnisvolle Weg! Wenn Sie eine verstärkte Zuneigung zum oliven Grün verspüren, soll Ihnen dies anzeigen, dass die Lösungen für Ihre Probleme in Ihrem eigenen Inneren zu finden sind. Versuchen Sie, sich mehr Zeit und Raum zu verschaffen, um in die Stille zu gehen und auf die zarte Stimme Ihrer Intuition zu hören. Sie werden die Lösung für Ihre Probleme nicht in der Außenwelt oder bei anderen Menschen finden.

Übung 2

Die Farb-Erkenntnisse, die Sie über Ihre Umgebung, Ihre Partner und Mitmenschen sowie Ihre Alltagssituationen gewinnen, können sich als wertvolles Hilfsmittel erweisen, um bei bestimmten Prozessen oder unerwarteten Konfliktsituationen umsichtig gegenzusteuern oder mutig die Eigeninitiative zu ergreifen. Auch hier gilt es, aufmerksam hinzuschauen und die Farben als Spiegel Ihrer Umwelt zu betrachten. Benutzen Sie für diese Übung gegebenenfalls auch Ihr Vorstellungsvermögen!

ROT:

Wenn Rot-Töne Ihre Umgebung prägen, dann können Sie zumindest eines ganz sicher sagen – Ihr Leben verläuft nicht langweilig. Sie finden viele dynamische Prozesse im Zusammenleben mit anderen, und die meisten Aktivitäten motivieren Sie, um Ihr ganzes Potenzial zu entfalten. Selbst Reibungen oder unvermeidliche Auseinandersetzungen werden für Sie noch zu einer Quelle der Inspiration.

Da Sie vielleicht selbst zu einer offensiven Verwendung der roten Farbtöne neigen, kann es sein, dass eine zusätzlich sehr „rot geprägte" Umgebung in bestimmten Momenten, wenn Sie sich vielleicht psychisch nicht gut fühlen oder mit einem Infekt oder einer Erkältung zu kämpfen haben, zu einer Überforderung führt. In solchen Momenten müssen Sie auf ein gutes inneres Gleichgewicht achten und farblich eventuell ein paar kühlere (blau, grün) Impulse setzen.

ORANGE:

Wenn Orange-Töne Ihre Umgebung prägen, empfinden Sie diese in der Regel als eine Quelle für Lebensfreude und Inspiration.

Sie werden sich wohlfühlen, wo Sie sich aufhalten, und die Menschen in Ihrer Nähe fördern Sie und unterstützen Sie auf Ihrem Weg. Sie können Ihre Spontaneität ausleben und führen eine lebendige Kommunikation mit Ihren Mitmenschen.

Es bleibt vielleicht in diesem „Orange-Zustand" zu beachten, dass nicht alle Menschen neben Ihnen auch Frohnaturen und Lebenskünstler sind, und manche Mitbürger (oder auch Freunde und Partner) benötigen gelegentlich eine Zeit des Rückzuges, um mit sich selbst zu sein.

GELB:

Wenn Gelb-Töne Ihre Umgebung prägen, werden Sie sich emotional verstanden und angenommen fühlen; denn die Meinung Ihrer Umgebung ist für Sie wichtig. Sollten Sie jedoch einmal auf „Gelb-Gegner" stoßen, dann kann es für Sie eine Herausforderung sein, zu sich selbst zu stehen. In diesem Fall gilt es, selbst den „gelben Impuls" zu setzen und sich nicht unterkriegen zu lassen. Die Meinung der anderen ist nicht wichtiger als die Ihre!

GRÜN:

Wenn Grün-Töne Ihre Umgebung prägen, werden Sie sich als geachtetes und respektiertes Mitglied fühlen. Sie sind ein offener Mensch und suchen diese Offenheit auch in Ihrer Umgebung. Wenn Sie einen „Anti-Grün-Impuls" verspüren, treffen Sie möglicherweise auf Menschen, die, im Gegensatz zu Ihnen, eine Situation nicht realistisch einschätzen können, wahrscheinlich weil ihnen ihre Vorurteile oder vorgefassten Meinungen im Weg stehen.

In Zeiten von Widerständen von außen oder unerwarteten Konflikten oder Konfrontationen geht es für Sie darum, im „Grün" zu bleiben, also Ihr inneres Gleichgewicht zu bewahren und in Ihrer Mitte verankert zu sein.

BLAU:

Wenn Blau-Töne Ihre Umgebung prägen, können Sie gut mit Ihrer Umgebung kommunizieren. Sie benötigen diese „Harmony in Blue", um sich befreit ausdrücken zu können, ohne mit Widerständen rechnen zu müssen. Wenn Sie auf der Suche nach dem Blau in Ihrer Umgebung sind, dann suchen Sie – vielleicht unbewusst – nach Stabilität und Sicherheit in Ihrer Umwelt. Das Gespräch ist für Sie der erste Schritt, um hier Gewissheit und Verankerung zu finden. Überhaupt ist die Kommunikation für Sie lebenswichtig, so dass Sie sich in einer „blauen Umgebung" immer am wohlsten fühlen werden.

VIOLETT:

Wenn Violett-Töne Ihre Umgebung prägen, dann finden Sie in Ihrer Lebenswelt jene transformatorischen Impulse, nach denen Sie sich auf Ihrer geistigen Suche sehnen. Sie möchten nicht nur die äußere, sondern vor allem auch die „innere Seite der Dinge" erkennen. Das Verborgene, Mystische, Geheimnisvolle zieht Sie an, weil Sie glauben, dass es Ihnen hilft, jenes noch unentdeckte spirituelle Potenzial in Ihnen zu erschließen und nach außen zu bringen.

Wenn Sie diese Sehnsucht tatsächlich in sich verspüren, dann gehen Sie ganz gezielt auf die Suche nach den „violetten Momenten".

WEISS:

Wenn Weiß-Töne Ihre Umgebung prägen, dann kann es sich um einen „Hauch des Heiligen" handeln, bei dem Sie sich vollständig geborgen und angekommen fühlen. Sie spüren in dieser weißen Umgebung ein wenig von der „Leichtigkeit des Seins". Sie sollten in diesem Fall aber stets darauf achten, dass Sie immer dann, wenn Sie den Kopf im Himmel haben, ganz genau nachspüren, ob Ihre Füße fest auf dem Boden stehen.

Übung 3

Farben können auch wunderbare Hilfsmittel sein, um eine Beziehung zu charakterisieren. Nachstehend liegt das Augenmerk nur auf der Beziehung mit einem Ehemann oder Lebenspartner; aber natürlich lässt sich das Farben-Seelenspiegel-Modell auch auf alle anderen Beziehungen anwenden, indem Sie die vorstehend genannten Farb-Charakteristika entsprechend auf die gewünschte Person umsetzen. Welche Farbe kennzeichnet .... (die ausgewählte Person) .... für mich.

ROT:

Ein Mann, den Sie mit der Farbe Rot charakterisieren, repräsentiert für Sie einerseits Sicherheit, Stabilität, Wohlstand und Stärke, andererseits steht er für Eifersucht, Machtanspruch, Dominanz oder Manipulation. Eine Beziehung mit einem „roten Mann" ist für Sie von essenzieller Bedeutung. Sie sollten dieser Beziehung große Achtsamkeit schenken und mit Ihr nicht leichtfertig umgehen. Einen „roten Mann" zu verlieren, könnte eine schmerzhafte Lücke in Ihrem Leben hinterlassen, die Sie möglicherweise nie mehr ganz schließen können.

ORANGE:

Ein Mann, den Sie mit der Farbe Orange charakterisieren, repräsentiert für Sie Sinnlichkeit, Leidenschaft und exzessive Sexualität. Ein „oranger Mann" könnte für Sie, Bedenken hin oder her, eine „Sünde wert sein". Möglicherweise bringt eine Beziehung aus der orangenen Ebene heraus Ihr vertrautes Wertesystem ins Wanken. Sie entdecken eventuell Abgründe in sich, die Sie vorher noch nicht einmal erahnt haben.

Eine Beziehung, die vom Orange geprägt ist, kann Sie allerdings auch in eine dramatische Abhängigkeit abgleiten lassen, aus der Sie sich nur mit großen Anstrengungen und unter Schmerzen zu lösen vermögen.

GELB:

Ein Mann, den Sie mit der Farbe Gelb charakterisieren, repräsentiert für Sie Lebensfreude, Spontaneität, Selbstvertrauen und Mut. Mit einem „gelben Mann" können Sie alle Ihre Emotionen teilen und so offen sprechen, wie mit keinem anderen Menschen in Ihrem Leben. Sie haben das Gefühl, als sei dieser Mann geradezu wie geschaffen, um Ihre innersten Aspekte zu verstehen.

Ein Mann, der vom Gelb geprägt ist, kann allerdings dazu neigen, die Gesprächsführung permanent an sich zu reißen, da es doch so viel aus seinem ereignisreichen Leben zu erzählen gibt.

GRÜN:

Ein Mann, den Sie mit der Farbe Grün charakterisieren, repräsentiert für Sie eine Verbindung von Herz zu Herz. Die Beziehung mit einem „grünen Mann" wird von inniger Liebe, großem Mitgefühl füreinander und nahezu vollkommener Harmonie gekennzeichnet sein. Es wird ein gegenseitiges Geben und Nehmen sein, in dem jeder den anderen als seinen idealen Partner betrachtet.

Wenn Sie eine Beziehung mit einem „grünen Mann" aufgeben oder erleben müssen, wie er sie aufgibt, kann das den ganz großen Bruch in Ihrem Leben markieren. Sie leiden möglicherweise lange unter dem Gefühl, dass Sie niemals wieder eine ähnlich tiefe Beziehung erleben werden. In solchen Momenten hilft nur noch die Einsicht, dass es eine ungezählte Schar „grüner Männer" auf diesem Planeten gibt!

BLAU:

Ein Mann, den Sie mit der Farbe Blau charakterisieren, repräsentiert für Sie eine herausragende Autorität. Er ist ein Mann, zu dem Sie tatsächlich aufschauen. Er drückt für Sie vollkommene geistige Klarheit aus und schenkt Ihnen jenes Gefühl von Ruhe, von dem Sie (fälschlicherweise) annehmen, es nicht in sich verwirklichen zu können.

Wenn Sie immer wieder eine Beziehung mit einem „blauen Mann" anstreben, sind Sie möglicherweise auf der Suche nach dem Sinn und einer inneren Ordnung in Ihrem Leben. Dagegen ist nichts einzuwenden, wenn Sie die Beziehung mit dem „blauen Mann" als Inspiration betrachten, um jene Aspekte in sich selbst zu entfalten; denn er weiß, welches die Prioritäten im Leben sind. Problematisch wird es nur, wenn Sie diese noch unerledigten Aufgaben auf ihn projizieren (und er das Rollenspiel annimmt!); denn ein Partner kann niemals jene inneren Prozesse übernehmen, die Sie selbst zu durchlaufen haben.

VIOLETT:

Ein Mann, den Sie mit der Farbe Violett charakterisieren, repräsentiert für Sie visionäre Kraft, Kreativität und Inspiration. Die Faszination, die von ihm auf Ihr Leben ausgeht, motiviert Sie, Ihre eigenen unerschlossenen Fähigkeiten zu entfalten und mit ihm zu neuen Ufern aufzubrechen. Wenn Sie beide die gleichen Ideale teilen, können Sie ein phantastisches Team bilden, um Ihre gemeinsamen Ziele zu verwirklichen. Sie werden vor dem Kamin sitzen, ein wundervolles Glas Wein oder einen perlenden Champagner trinken – und Pläne schmieden, um die Welt zu verbessern.

Wenn Sie sich beide bemühen, Realisten zu bleiben, kann es Ihnen tatsächlich gelingen. Wenn es schief geht, war es zumindest eine der weniger langweiligen Beziehungen!

WEISS:

Ein Mann, den Sie mit der Farbe Weiß charakterisieren, repräsentiert für Sie geistige Reinheit, Spiritualität, Klarheit und De-
mut. Ein „weißer Mann" ist für Sie ein „weiser Mann". In vielen
Fällen ist diese Beziehung keine Mann-Frau-Beziehung, sondern
eine Beziehung von Schülerin und Meister. Dieser Mann ist für
Sie eine Persönlichkeit, die Sie achten, vor der Sie großen Respekt haben und zu der Sie aufschauen.

Ein Mann, der für Sie Ihre höchsten Ideale verkörpert und
schon ein Bote einer höheren Welt ist.

Die vorstehenden Übungen zur Farb-Lehre sollten, wenn sie
sinnvoll verstanden werden, nicht starr oder dogmatisch ge-
handhabt werden. Sie beruhen auf viel Lebenserfahrung und
den Forschungen zahlreicher Farbtherapeuten oder Aura-Soma-
Berater.

Farben sind auf einzigartige Weise ein Spiegel der Seele und
ein Spiegel für die Seele. Sie zeigen das eigene innere Wesen
an und sie lassen einen Blick in die Seele des Gegenübers werfen. Wer die Farben-Lehre virtuos beherrscht, verfügt über ein
einzigartiges Werkzeug, um die Menschen und das LEBEN zu
verstehen. Er vermag mit Hilfe der Farben in das Innerste eines
Menschen zu schauen – und er sollte achtsam damit umgehen.
Wer mit Hilfe der Farben diesen Blick in die TIEFEN geschenkt
bekommen hat, sollte ihn dankbar annehmen – und über das
Geschaute Stillschweigen bewahren.

Beziehungen im Spiegel der Chakras

Die letzten zwei Jahrzehnte haben, bedingt durch eine Reihe von Buch-Veröffentlichungen und Zeitschriften-Artikeln, ein breites Interesse an den Themen „Aura" und „Chakras" geweckt. Da dieses Gebiet sehr komplex ist und eine ernsthafte Auseinandersetzung erfordert, um wirklich in der Tiefe verstanden zu werden, bleibt hier verständlicherweise nur der Raum, um einen einzelnen Aspekt herauszugreifen. Für eine weitere Beschäftigung mit diesem faszinierenden Bereich empfehle ich Ihnen, die Klassiker über die Chakras von Charles W. Leadbeater und Dora Kunz zu studieren sowie für die Arbeit mit den Chakras im Alltag die überaus informativen Werke von Manuela Oetinger, Brenda Davies und Kim Fraser heranzuziehen.

Die nachstehenden Ausführungen befassen sich ausschließlich mit der Frage, wie die Energiefelder der einzelnen Chakras genutzt werden können, um neue Einsichten über Beziehungen zu gewinnen.

Kopieren Sie gegebenenfalls die „Chakra-Figur" auf der nächsten Seite und kreuzen jene Chakras an, bei denen Sie eine Verbindung mit der von Ihnen ausgewählten Person verspüren. [1]

---

1 Sie können für diese „Tests" auch das dafür hilfreiche „Chakra-Praxis-Karten"-Set von Annette Wagner & Peter Michel heranziehen.

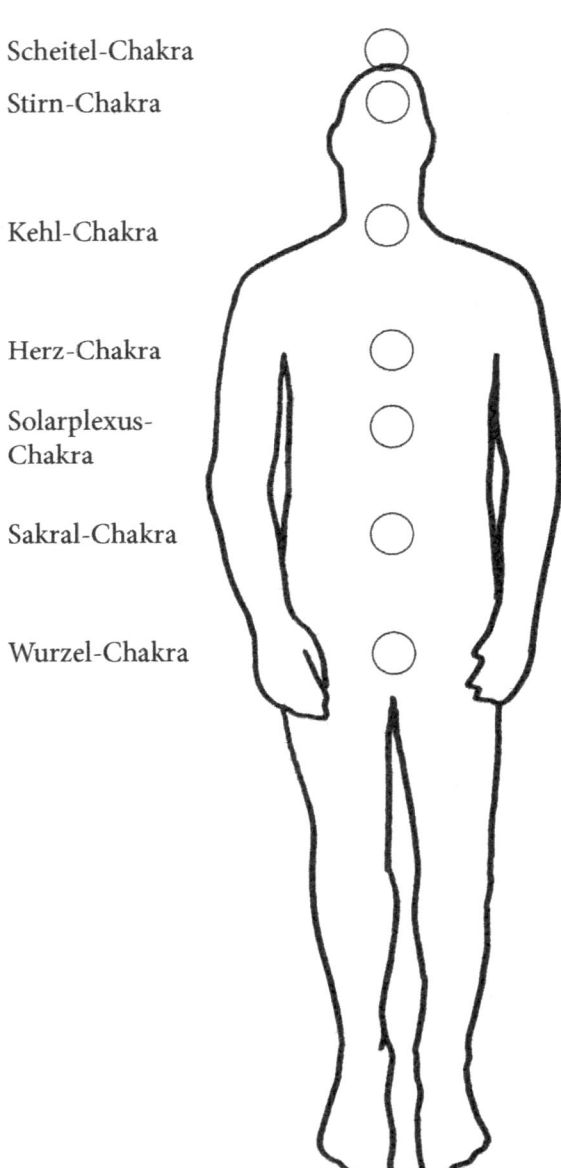

Scheitel-Chakra

Stirn-Chakra

Kehl-Chakra

Herz-Chakra

Solarplexus-
Chakra

Sakral-Chakra

Wurzel-Chakra

Die sieben Chakras repräsentieren unterschiedliche Qualitäten, die im Folgenden kurz angesprochen werden. Studieren Sie diese sorgfältig und spüren Sie gleichzeitig in Ihren eigenen Körper, um auf Ihre innere Stimme zu hören, die Ihnen signalisieren wird, auf welchen Feldern es eine Übereinstimmung oder eine Ablehnung beziehungsweise eine Neutralität mit der ausgewählten Person gibt. Sie können diesen „Chakra-Test" mit einem Ehemann oder Partner durchführen, aber selbstverständlich lässt er sich auf jede beliebige Person anwenden, wobei natürlich, wenn es beispielsweise um Kinder geht, bestimmte Themenfelder, wie etwa Sexualität, entfallen werden.

Kreuzen Sie jede Übereinstimmung in dem betreffenden Chakra an und studieren Sie dann in Ruhe das Ergebnis. Es kann auch spannend sein, bestimmte Charts nebeneinander zu legen und zu vergleichen, wo eine Übereinstimmung vorliegt und wo nicht. Damit sollten allerdings nicht Menschen miteinander verglichen werden, was selten hilfreich ist, sondern energetische Übereinstimmungen beziehungsweise inspirierende Anregungen.

1) Das Wurzel-Chakra

Dieses Chakra hat mit existenziellen Themen zu tun. Es geht um Materie, um Verbindung zur Erde, um Inkarnation, um Überlebensängste, um Sicherheit, Schutz und Geborgenheit sowie allgemein um menschliche Beziehungen, die grundlegend sind.

Eine Übereinstimmung in diesem Chakra zeigt Ihnen an, dass dieser Mensch von großer Bedeutung für Ihr Leben ist.

2) Das Sakral-Chakra

Dieses Chakra hat vorrangig mit Intimität, mit Sexualität, Leidenschaft und Hingabe, mit zwischen-menschlichen Beziehungen, mit Fortpflanzung, Kindern und Nähe zu tun.

Eine Übereinstimmung in diesem Chakra zeigt Ihnen an, dass Sie sich von diesem Menschen (Mann) als Frau stark angezogen fühlen. Eine intensive Berührung über das Sakral-Chakra kann auch darauf hinweisen, dass Sie hier mit starken Energien aus dem Unbewussten zu tun haben, mit Urkräften, die Sie bisher unterdrückt oder nicht zugelassen haben. Beziehungen, die vorrangig über das Sakral-Chakra laufen, sind nicht selten eine Quelle für komplizierte Konflikte!

3) Das Solarplexus-Chakra

Diese Chakra hat vorrangig mit Gefühlen und der gesamten emotionalen Struktur des Menschen zu tun. Da der weitaus größte Teil der Menschheit noch sehr gefühlsbetont ausgerichtet ist, spielt sich über dieses Chakra ein erheblicher Teil des menschlichen Lebens ab.

Eine Übereinstimmung in diesem Chakra zeigt Ihnen an, dass sie mit diesem Menschen emotional verbunden sind. Was er denkt, tut oder macht lässt Sie nicht kalt. Sie können möglicherweise über dieses Chakra am leichtesten eine innere Verbindung zu der betreffenden Person aufnehmen. Wenn Sie selbst ein sehr gefühlsbetonter Mensch sind, werden über dieses Chakra auch alle Konflikte ablaufen.

Das Solarplexus-Chakra dürfte dasjenige Energiezentrum sein, in dem Sie die meisten Übereinstimmungen mit anderen Menschen aufweisen werden.

4) Das Herz-Chakra

Das Herz-Chakra hat vorrangig mit den höheren, selbstlosen Gefühlen des Menschen zu tun. Alles, was Sie in diesem Zentrum entwickeln können, hebt Sie in Ihrer Entwicklung über den egoistischen Eigenwillen empor, hin zu einer selbstloseren, spirituelleren Individualität.

Eine Übereinstimmung in diesem Chakra zeigt Ihnen an, dass dieser Mensch Ihre besten (Herzens-) Qualitäten entwickelt. Mit ihm werden Sie sich von Ihrem innersten Wesenskern her verbunden fühlen. Es könnte sich um eine Liebesbeziehung handeln, die alle Höhen und Tiefen überdauert und ein Leben lang hält.

Die Beziehung mit einem Menschen, die vorrangig vom Herz-Chakra geprägt ist, sollte eine hohe Priorität für Sie haben. Achten Sie darauf, diese Verbindung zu pflegen und mit viel eigener Herzens-Energie zu versorgen. Eine solchen Menschen zu verlieren, mit dem Sie eine derart tiefe Verbindung empfinden, würde sich als schmerzlicher Verlust erweisen.

5) Das Kehlkopf-Chakra

Das Kehlkopf-Chakra hat vorrangig mit Kommunikation, mit Kreativität und Selbstausdruck zu tun. Hier geht es um den lebendigen, inspirierenden Austausch mit anderen und um die intensive Begegnung im Gespräch.

Eine Übereinstimmung in diesem Chakra zeigt Ihnen an, dass dieser Mensch für Sie Lebendigkeit, Lebensfreude und Inspiration ausdrückt. Sie werden sich mit ihm blendend verstehen und oft den Eindruck gewinnen, Sie würden auch ganz ohne Worte verstanden. Andererseits regt dieser Mensch sie ständig dazu an, neue Aspekte Ihrer Persönlichkeit zu entfalten und mit ihm zu neuen Ufern aufzubrechen. Die Verbindung mit diesem Menschen wird niemals langweilig und wird auf keinen Fall unter „Sprachlosigkeit" zu leiden haben. Wenn Ihnen gerade nichts Neues einfällt, werden Sie zumindest herzhaft miteinander lachen können!

6) Das Stirn-Chakra

Das Stirn-Chakra hat vorrangig mit Einsicht, Verständnis, Intelligenz und dem höheren Denken zu tun. Hier geht es um das Verstehen des Lebens und um die tiefe Durchdringung zwischenmenschlicher Beziehungen. Alle emotionalen Turbolenzen sind hier völlig zur Ruhe gekommen, und Sie haben gelernt, mit einem klaren Bewusstsein zu schauen.

Eine Übereinstimmung in diesem Chakra zeigt Ihnen an, dass Sie mit diesem Menschen eine echte Seelen-Verbindung besitzen. Sie können sich gegenseitig in die Augen blicken und dabei bis auf den Seelengrund des anderen schauen. Dies ist nur möglich, weil gegenseitig ein tiefes Vertrauen besteht und der eine vor dem anderen keine Geheimnisse (zumindest was wesentliche Dinge anbelangt!) mehr hegt. Sie werden wahrscheinlich die gleichen Ideale teilen und sich für die Belange der Menschheit einsetzen.

Eine Verbindung über das Stirn-Chakra ist ein besonderes Geschenk, weil es die wirkliche, wesenhafte Begegnung zwischen Ich und Du ermöglicht!

7) Das Scheitel-Chakra

Das Scheitel-Chakra hat vorrangig mit Spiritualität, mit dem GEIST, mit den höchsten Werten des Menschen und mit Selbstverwirklichung zu tun. Hier geht es um „letzte Werte" und um „Vollkommenheit". Alle persönlichen Aspekte sind hier in einem größeren Ganzen aufgehoben; es geht um die „göttliche Individualität".

Eine Übereinstimmung in diesem Chakra wird eine große Seltenheit sein, da die meisten Menschen ihr eigenes Scheitel-Chakra noch gar nicht oder nur zu einem sehr geringen Anteil entfaltet haben. Von daher kann es auch kaum eine Verbindung mit einem anderen Menschen geben.

Wenn Sie sich dennoch mit einem Partner über das Scheitel-Chakra verbunden fühlen, dürfte es sich um eine ganz besondere Beziehung handeln, in dem Sie im Gegenüber gleichsam einen ähnlich leuchtenden göttlichen Seelenfunken empfinden. Diese Verbindung dürfte so tief sein, dass Sie wahrscheinlich mit niemandem Dritten darüber sprechen werden, weil Sie ohnehin nicht verstanden würden.

Die Chakras sind die Zentren der Lebenskraft im Menschen. Wenn die Lebensenergie, die östliche Weisheitslehre spricht in diesem Zusammenhang vom Prana oder vom Chi, harmonisch durch sie hindurch fließt, wird der Mensch sich körperlich, seelisch und geistig gesund fühlen.

Aus den vorangegangenen Ausführungen dürfte deutlich geworden sein, dass die Chakras Ausgangs- und Eingangstore von seelischen Impulsen, Emotionen oder Energien sind. Wir beeinflussen durch unsere Chakras andere, so wie auch wir von anderen beeinflusst werden. Eine bestimmte Verbindung über das eine oder andere Chakra kann sich segensreich oder schädlich auswirken. Es empfiehlt sich daher, in einer stillen Stunde herauszufinden, auf welche Weise und auf welcher Ebene man sich mit einer bestimmten Person verbunden fühlt. Der „Chakra-Test" vermag dabei eine wertvolle Hilfe zu leisten. Allerdings sollten Sie dann auch den MUT haben, Ihre Einsichten gegebenenfalls in Handlung umzusetzen.

10.

Sexualität

Es ist vielleicht eines der größten Verdienste der modernen Emanzipationsbewegung, dass heute Frauen, zumindest in den westlichen Gesellschaften, ihre Sexualität so frei wie noch nie zuvor leben können. Es ist eine beglückende Erfahrung, wenn eine Frau bewusst und mit ihrer ganzen Kraft ihre Weiblichkeit leben kann. Dabei geht es nicht um eine nach außen gerichtete oberflächliche Attraktivität, also um ein physisches, meist von gesellschaftlichen Trends geprägtes „Schönheits-Ideal", sondern es geht um eine viel tiefere, mystische Dimension. Es geht um einen Funken der Lebensfreude, des Begehrens und der Anziehung, der in der Polarität mit dem männlichen Funken zu einer strahlenden Flamme von Harmonie und Kreativität auflodern kann. Es geht um die Entdeckung eines neuen Horizontes des Weiblichen in jeder Frau. Selbstverständlich kann kein Mann einer Frau jene Prozesse abnehmen, die sie selbst zu durchlaufen hat; aber in der Vereinigung von Yin und Yang wird die Polarität von Männlich-Weiblich überwunden und zu einer neuen Dimension von Vereinigung und Einheit angehoben. Dualität ist keineswegs etwas Schlechtes, dem Einheit als das gleichsam Bessere gegenübergestellt werden müsste; sondern so wie im menschlichen Bewusstsein Universalität und Individualität nur jeweils Brennpunkte darstellen, wird auch in den beiden

menschlichen Polen durch die Berührung zweier „Brennpunkte"
ein neues, belebendes Lebensfeuer entfacht.

Wenn eine Frau diese Kraft lange Zeit entweder unterdrückt
oder bis zur Selbstverleugnung ins Unterbewusste abgeschoben
hat, wird ein Entfachen dieser zentralen Lebensenergie meistens
eine Eruption in Form einer dramatischen gesellschaftlichen
Veränderung auslösen. Sogenannte „brave" Ehefrauen verlassen
dann plötzlich nach siebzehn sogenannten „glücklichen" Ehejah-
ren ihre Männer, oder angepasste Sekretärinnen verwandeln sich
plötzlich in wahre „femme fatale" und ziehen mit zwei Männern
zu einem dreimonatigen Segelturn durch die Karibik, selbst unter
der Gefahr, nach ihrer Rückkehr keinen Job mehr zu haben. Sie
haben plötzlich etwas entdeckt, was sie jahrelang vielleicht tief
innen gespürt, aber nie wirklich gelebt haben – ihre Weiblichkeit.

Junge Frauen, auch in unseren scheinbar so aufgeklärten Gesellschaften, leben ihre Sexualität häufig in einer recht unreifen
Form. Sie richten sich nach einiger Zeit in ihrer „normalen"
Sexualität ein, gründen Familien oder feste Partnerschaften,
bekommen Kinder und bauen Existenzen auf. Alles Prozesse,
die nach außen gerichtet sind! Die männliche Energie, die diese
Frauen aufnehmen, richten sie meistens in die Bewältigung ihrer alltäglichen Aufgaben in der Außenwelt. Nur wenige Frauen
unter Vierzig leben ihre Sexualität so bewusst, dass sich ihnen
dadurch eine innere, spirituelle Dimension erschließt. Wie sollte
dies auch geschehen, wo doch alle Aufmerksamkeit nach außen
gerichtet ist.

Mit den Jahren verändert sich in dieser Routine etwas, und
zwar in zweierlei Hinsicht: Durch die permanente Präsenz ihres
männlichen Partners erlischt schrittweise dessen Attraktivität,
und durch das Älterwerden ihrer Kinder zieht sich die Aufmerksamkeit wieder von der Außenwelt zurück. Beide Prozesse mün-

den in eine innere Reflexion: Über den Partner und über die eigenen weiblichen Bedürfnisse.

Diese Phase ist in zweierlei Hinsicht kritisch: Die Frau sieht sich nach einem anderen Partner um, und sie sucht eine neue, tiefere Dimension in ihrer Sexualität. Es liegt auf der Hand, dass dieses Geschehen häufig zu radikalen inneren und äußeren Umbrüchen führt. Eine Frau, die über eine erfüllte Sexualität ihre eigene Kraft entdeckt, begreift, dass sie selbst stark ist und nicht unbedingt einen Mann an ihrer Seite benötigt, der ihr gesellschaftliche oder persönliche Sicherheit bietet. Sie entdeckt eine Quelle von Freude, Selbstbewusstsein und Lebenslust IN SICH SELBST. Der Mann an ihrer Seite ist nicht mehr zuständig für ihr Glück oder für ihre Lebensfreude. Sie kann sie mit ihm teilen, sie kann sich von ihm inspirieren lassen und wiederum auch ihn inspirieren, aber jetzt ist es eine Begegnung auf Augenhöhe. Es ist eine gemeinsam verdoppelte Freude. Man lebt eine Beziehung, in der man etwas teilt, nicht eine Beziehung, in der man etwas erwartet.

Wenn eine Frau um die Vierzig ihr Leben auf Pflicht und Verantwortung reduziert hat, wird sie zwar ihre Rollen spielen können, aber sie wird nicht in der Lage sein, ihre innere Leere zu füllen. Wenn sie das in radikaler Klarheit erkennt, wird sie auch erfassen, dass ihre Rollenspiele noch dazu schlecht besetzt waren: Denn sie war so abgetrennt von ihrer eigenen Kraft, dass sie weder die Rolle der Mutter noch die der Ehefrau oder Lebenspartnerin wirklich auszufüllen vermochte. Sie spielte ihre Rolle zwar nach Drehbuch, aber ohne Begeisterung. Im Moment dieser Einsicht gibt es nur noch eine Wahl: Veränderung. Eine Frau, die sich in dieser Situation nicht auf einen tiefgreifenden Umbruch einlässt, läuft in Gefahr, ihr Leben „second hand" zu leben – gebraucht und fremdbestimmt.

Nun mag eine Frau, die zu dieser Einsicht gekommen ist, sich zwar eingestehen, dass diese Einsicht richtig ist, aber wie soll sie vorgehen? Koffer packen, Mann, Kinder, Haus, Hof und Haustiere verlassen, ein „Around-the-World-Ticket" kaufen und auf die Vorsehung vertrauen? Selbst das mag in Einzelfällen eine Lösung sein, aber sicher nicht im Regelfall. Der erste Schritt könnte der Dialog sein. Manche Männer erschrecken zwar, wenn Frauen ihnen gegenüber ihre sexuellen Wünschen auf einmal direkt und deutlich artikulieren, aber etliche werden doch in der Lage sein, einen Neustart der eingeschlafenen Beziehung zu versuchen. Ein zweiter Schritt wäre es möglicherweise, einen neuen Impuls in die eigene Sexualität zu bringen – in der Regel in Form eines neuen Mannes – und die daraus neu gewonnene Energie in die alte Beziehung oder Ehe einzubringen. Das erfordert sehr viel Offenheit und Bewusstheit von allen Beteiligten; aber es wäre ein vielversprechender Ansatz. Ein dritter Schritt könnte sein, ganz neu über Beziehungen nachzudenken und sie grundsätzlich zu öffnen. Auch hier ist viel Offenheit, Ehrlichkeit und Wachheit gefragt. Es wird keine neuen Regeln geben, wie in Zukunft Beziehungen bewusst und erfüllend gelebt werden können. Die Zeit der Regeln liegt hinter uns; zumindest hinter den Frauen in den westlichen Gesellschaften. Das Neue kommt ohne Regeln, Gebote und Verbote, Tabus und gesellschaftliche oder kirchliche Zwänge aus. Das Neue setzt auf Freiheit, Bewusstheit und Eigenverantwortung. Ob eine Frau eine Beziehung mit einem Mann oder mit mehreren Männern lebt, sollte ganz ihr überlassen bleiben – wie natürlich auch den Männern. Entscheidend ist das Gespräch: Jede Frau sollte den Mut haben, das auszusprechen, was sie sich von einer Beziehung wünscht, und mit aller Kraft (und Verantwortung!) versuchen, es umzusetzen.

Eine Frau, die einen radikal neuen Weg einschlägt und ihre Freiheit auch in ihren Beziehungen verwirklicht, wird schnell an einen Punkt kommen, an dem sie grundlegend über ihre Sexualität reflektiert. Für viele Frauen ist der Orgasmus noch immer eine Erfahrung, durch die sie am intensivsten spüren, wer sie selbst sind. Es ist eine existenzielle Grunderfahrung. Die Frau erfährt sich „pur". Dieses Moment von Selbstidentifikation ist für die meisten Frauen so faszinierend, dass sie dabei Gefahr laufen, an diesem Punkt stehen zu bleiben. Sie versuchen, diese „Gipfelerfahrung" ständig zu wiederholen und sind in der Regel enttäuscht, wenn nach einiger Zeit der „Kick" ausbleibt. Sie versuchen dann, den „Kick" mit einem oder mehreren Männern neu zu beleben – zumeist mit dem gleichen negativen, also frustrierenden Ergebnis. Der Weg muss vorwärts gehen! Die intensive Erfahrung des Orgasmus schenkt zwar einen Schlüssel zum inneren Wesenskern, aber dieses Erleben sollte zu weiteren Schritten führen. Es geht darum, um mit der Weisheit des Ostens zu sprechen, die erlebte Kraft aus den unteren Dimensionen (Chakras) nach oben zu transformieren.

Haben Sie einmal nach einem Orgasmus in ihren Körper gehört oder auf seine Energiezentren gelauscht, um zu hören, was er sagt oder was sie ausdrücken? Wenn Sie in Ihrem Herz-Zentrum oder sogar in den noch darüber liegenden Chakras eine Verbindung zu dem Mann neben sich spüren, dann sollten Sie diese Beziehung mit großer Achtsamkeit leben. Bleibt die Empfindung in den unteren Zentren fokussiert, dann werden Sie zwar eine gewisse Leere spüren – aber es bleibt ja trotzdem die Möglichkeit, mit diesem Mann guten Sex zu haben!

Ernsthafter gesprochen, geht es in einer intimen Beziehung jedoch um eine höhere Dimension. Wenn der Mann an ihrer Seite seelisch mit Ihnen gleich schwingt, dann wird er etwas ausgelöst haben, was Sie so vielleicht zuvor noch nicht erlebt haben (und wahrscheinlich gilt das auch für Ihren Partner). Nutzen Sie diesen Impuls. Er zeigt Ihnen eine neue Facette Ihres Wesens. Ihr Partner hat sie ausgelöst, aber es ist Ihre Facette. Sie müssen daraus etwas machen – und zwar Sie ganz alleine! Sie können ja auch nicht seine Prozesse gestalten.

In der echten Hingabe, in der tiefen Begegnung einer das Wesen berührenden sexuellen Erfahrung wird etwas in Ihnen aktiviert, das Sie zuvor noch nicht kannten. Aber es lebte IN IHNEN. Kein Mann ist dafür zuständig. Es ist Ihr ureigenes Geheimnis. Es ist Ihr einzigartiger Seelenfunken. Wenn Sie dies klar erkennen, werden Sie niemals mehr von einem Mann abhängig sein, weil Sie verstanden haben, dass alles in Ihnen liegt. Es ist eine wundervolle Erfahrung, in der Berührung mit einem (göttlichen) DU eine neue Dimension des ICH zu erleben; aber niemand sollte jemals vergessen, wer das ICH und wer das DU ist. Begegnung ist ein Geschenk und ein Mysterium; es wird zerstört, wenn es in Abhängigkeit einmündet!

Lassen Sie los und geben Sie sich einem Partner völlig hin – Sie werden immer nur sich selbst finden. Wenn Sie das gelernt haben, wird Ihr Beziehungsleben eine völlig neue Qualität erhalten. Intimität findet auf einer ganz anderen, tieferen, spirituelleren Ebene statt. Es treffen und begegnen sich ZWEI GANZE WESEN, die sich in der Berührung etwas schenken, nämlich die Erfahrung einer Qualität des LEBENS, die ihnen beiden nicht zu eigen ist. Sie werden dadurch beglückt, bereichert, gesegnet und inspiriert – aber in gegenseitiger Freiheit und ohne Abhängigkeit. Das Männliche und das Weibliche, der Osten würde von Shiva und Shakti sprechen, trifft sich voller Freude, Abenteuerlust und Leidenschaft – und erfährt eine neue Dimension von Einheit. Vielleicht ist diese Einheit ein Vorgeschmack jener größeren EINHEIT, die einst auf uns alle wartet.

Es wäre für unsere Welt so wichtig, dass Frauen ihre neue Weiblichkeit, ihre neue Sexualität offen, frei und ohne Schuldgefühle leben können. Manchmal sind Frauen, wenn sie mutig die ersten Schritte auf diesem Weg gehen, selbst überrascht von ihrem Mut und von ihren Erfahrungen. Und sie schrecken zurück vor ihrer eigenen Zivilcourage, vor ihrem ihnen selbst fast unheimlichen Mut. Bleiben Sie mutig! Der Mutigen gehört die Welt!

Es ist völlig unerheblich, ob Sie Ihre neue Weiblichkeit, ihre freie Sexualität mit einem oder mehreren Partnern leben. Es geht nicht um Quantität, sondern um Qualität. Es geht nicht um Lustgewinn, sondern um Bewusstsein.

Es ist vielleicht noch ein langer Weg, ehe diese Freiheit und Offenheit in Beziehungen wirklich eine gesellschaftliche Anerkennung finden werden. Das liegt wahrscheinlich nicht an den Frauen, sondern an den vielen Männern, die es bis heute nicht geschafft haben, ihr altes Rollenbild wenigstens zu betrachten, von Überwindung wollen wir hier noch gar nicht sprechen. Aber so, wie die spirituelle Bewegung der Neuzeit ganz erheblich von Frauen getragen wurde, so wird auch die sexuelle Befreiung und der Aufbruch zu einer neuen Tiefe in den zwischenmenschlichen Beziehungen weitgehend von Frauen getragen.

Mögen viele Frauen den Mut haben, zu dem zu stehen, was sie als richtig, wahr, ehrlich und spirituell erkannt haben!

11.

Lebenssinn und Lebensmut

Eine große Gesellschaftsstudie über die „neuen Werte" brachte am Anfang des 21. Jahrhunderts ein interessantes Ergebnis. Nicht Familie, Kinder, Erfolg, Geld oder Gesundheit nahmen den ersten Platz in der Werte-Hierarchie ein – sondern SINN. Für die meisten Menschen ist die wichtigste zu beantwortende Lebensfrage jene nach der Sinnfindung. Bei Frauen variieren die Werte, abhängig vom Alter, aber jenseits der Vierzig bekommt auch bei Frauen die Sinn-Frage eine dominante Bedeutung.

Das Beispiel von Johanna vermag diese Entwicklungsphase im Leben vieler Frauen symptomatisch zu erhellen. Johanna war dreiundzwanzig, als sie heiratete. Genau den Mann, den sie sich immer erträumt hatte. Sie bekam einen Sohn und eine Tochter, und die Ehe verlief über fast zwei Jahrzehnte geradezu bilderbuchmäßig glücklich. Dann ging im Alter von einundzwanzig erst ihr Sohn aus dem Haus und kurze Zeit später ihre Tochter, die drei Jahre jünger war. Und es blieb – LEERE. Johannas Leben brach fast vollständig zusammen. In ihrer familiären Arbeitsteilung hatte sie den „Innenraum" übernommen, während ihr Mann die „Außenwelt" besetzt hatte. Seine Welt lief nahezu übergangslos weiter, als die Kinder ausgezogen waren, während ihre Welt sich weitgehend aufgelöst hatte. In unseren Beratungsgesprächen wurde deutlich, dass sie sich mit Anfang Vierzig noch als relativ junge Frau empfand, aber nicht wirklich wusste, wie sie ihr Leben als Frau nach der „Mutterrolle" gestalten sollte.

In solchen Situationen kann eine Frau in hektischen Aktionismus verfallen, der von ausgedehnten Reiseaktivitäten über Club-Mitgliedschaften bis zu wahllos wechselnden Beziehungen reichen kann, alles mit dem Ziel, „sich selbst zu finden". Aber eine solche Vorgehensweise ist in Wahrheit gerade ein Flucht vor sich selbst. Hier kann es hilfreich sein, sich vielleicht einmal an Fragen aus der Kindheit zu erinnern, als die Eltern oder Großeltern gefragt wurden: „Warum bin ich eigentlich hier?" Oder die Frage beim Tod des geliebten Großvaters: „Wo ist Opa denn jetzt hingegangen?" Wenn man ehrlich ist, haben einen diese Fragen, sofern sie nicht – was eher ungewöhnlich ist – frühzeitig tiefschürfend beantwortet wurden, unterbewusst ein Leben lang begleitet. Anfang Zwanzig, als junge Doppelmutter, treten sie angesichts der Tagesaktualität sicher stärker in den Hintergrund als mit Mitte Vierzig oder Ende Sechzig. Aber sie verschwinden nie ganz.

Der radikale Weise Krishnamurti prägte einmal einen bemerkenswerten Satz: „Die Wahrheit ist ein pfadloses Land." Wenn man diese Worte genau liest, ist man anfänglich etwas verwirrt, weil man doch eigentlich gerne, auf der Suche nach der Wahrheit, wüsste, welchen Weg man einschlagen sollte. Doch genau dies erschien Krishnamurti die falsche Wahl zu sein. Er war überzeugt, dass jeder Mensch seinen „eigenen Weg zur Wahrheit" finden müsse. Zwar gelten für jeden Menschen die Gesetze der Mathematik oder der Schwerkraft, also gleichsam die „objektive Wahrheit"; aber daneben – und nicht minder wichtig – gibt es noch die „subjektive Wahrheit", die Wahrheit des eigenen Lebensweges. Dieser ist gerade nicht vorgezeichnet, sondern er entfaltet sich erst, indem man ihn beschreitet.

Die Antwort auf die Frage nach dem Lebenssinn liegt also nicht in vorgeschriebenen Dogmen, Heilslehren oder Vorschriften, sondern sie liegt im eigenen Herzen. Andere „subjektive Wahrheiten" können wunderbare Inspirationen für den eigenen Weg sein, aber dieser wird niemals mit jenen anderen Lebensentwürfen und Lebenserfahrungen deckungsgleich sein. Das eigene Leben bleibt ein Abenteuer!

Eine Frau, die in eine Lebensphase eingetreten ist, in der die „Pflichten" – die hier keinesfalls klein geredet werden sollen! – zum großen Teil weggefallen sind, kann sich in verstärktem Maße auf das „Abenteuer Leben" einlassen. Dazu müsste sie nach innen lauschen, um, im Einklang mit ihrem seelischen Wesen, jene Inspirationen zu vernehmen, die ihr ihren eigenen Weg anschaulich machen. Dann bedarf es nur noch eines gewissen Mutes, um die große Reise zu beginnen.

Nun stehen den Frauen von heute sogenannte „Selbstfindungskurse" in Hülle und Fülle zur Verfügung. Dabei reicht die Spannbreite von Töpfern in der Toskana über Lavendel-Ernten in der Provence bis hin zum Tantra-Wochenende auf Lanzarote. Es geht hier nicht darum, eine Zensur oder eine Vorauswahl vorzunehmen, was ja gerade der Idee vom „pfadlosen Land" widersprechen würde. Empfehlenswert könnte jedoch für jede Frau, die einen neuen Abschnitt ihrer Lebensreise beginnt, sein, darauf zu achten, inwieweit alle Aktivitäten, die sie unternehmen möchte, ihre eigene Freiheit achten und fördern. Unter dieser Voraussetzung könnten zahlreiche Hochglanzprospekte mit hochtrabenden Versprechungen schnell im Papierkorb landen. Dort, wo man etwas Schönes, Inspirierendes, Tiefes finden kann, werden die leisen Töne vorherrschen. Dort werden keine horrenden Kurs-Gebühren verlangt, und es sitzt auch niemand auf einem goldenen Thron und lässt sich anbeten. Wie lehrt das uralte chinesische Weisheitsbuch „Tao te King" doch so schön: „Wer es weiß, sagt es nicht; und wer es sagt, weiß es nicht!" Sinnfindung wird sich in der Stille, leise, im Verborgenen und höchstens unter vier Augen vollziehen. Vielleicht aber auch mit geschlossenen Augen!

C.G. Jung erkannte nach vielen Jahren psychotherapeutischer Arbeit, dass nahezu alle Menschen über Vierzig, die mit seelischen Problemen zu ihm kamen, die „religiöse Frage nicht beantwortet hatten". Jung war diesbezüglich völlig offen und zeigte keine religiösen Präferenzen; aber er hatte klar erkannt, von welcher entscheidenden Bedeutung die Sinn-Frage war. Wer sich ab einer gewissen Altersgrenze nicht mit dieser Frage befasste, lief Gefahr, seelisch zu erkranken oder gar in depressive Lebensphasen zu geraten. In der heutigen Zeit ist Depression eine der am stärksten ansteigenden Erkrankungen. Dies hängt meines Erachtens in einem erheblichen Maße mit der unbeantwortet gebliebenen Sinn-Frage zusammen. Ohne eine Antwort, die diese Frage „erhellt", bleibt häufig nur die „Dunkelheit" des Lebens. Daher kann es nicht verwundern, wenn an Depression erkrankte Menschen ihr Leben vielfach als „schwarz" bezeichnen. Schwarz steht für die Abwesenheit des Lichtes und damit für die Abwesenheit des Lebens.

Sinnfindung verleiht einem Leben Standfestigkeit und Verwurzelung. Die Verankerung schenkt zugleich Kraft und Klarheit. Wer die Sinn-Suche erfolgreich gestalten möchte, wird schon bald erkennen, dass sie niemals an ein Ende kommt. Sie findet im „Hier und Jetzt" statt; und man kann nach einigen Jahren rückblickend eine geistige Entwicklung feststellen – aber sie kommt an kein Ende. Das LEBEN schreitet ewig voran. Es gibt immer wieder etwas Neues zu entdecken. Niemand hat dies wundervoller ausgedrückt als Hermann Hesse in seinem Gedicht „Stufen", dessen Lektüre ich Ihnen bei Ihrer Sinnsuche sehr ans Herz legen möchte. Dort heißt es:

„Und jedem Anfang wohnt ein Zauber inne,
Der uns beschützt und der uns hilft, zu leben."

Beginnen Sie Ihre Sinnsuche vielleicht mit der einfachen Frage: „Was will ich?" Wenn Sie sich diese Frage aufrichtig und mit Tiefe stellen, dann wird es nicht um kleine materielle Äußerlichkeiten gehen, sondern Sie werden eine Perspektive erkennen. Sie werden neue Horizonte aufschimmern sehen, selbst wenn diese noch weit entfernt zu sein scheinen. Richten Sie Ihren Blick auf diese fernen Horizonte. Die teure neue Vitrine, die Perlenkette oder der venezianische Spiegel werden Ihnen gegebenenfalls nur den Blick verstellen. Sie können Sie niemals wirklich glücklich machen. Keine materiellen Werte besitzen bleibende Bedeutung. Wir dürfen uns über eine schöne Wohnung und eine gute medizinische Versorgung freuen und sie dankbar annehmen; doch der Blick sollte weiter gehen. Das LICHT, das von ferne leuchtet, können wir nur erkennen, wenn wir das Licht in unseren Herzen entdecken. Es geht darum, das eine mit dem ANDEREN zu verbinden.

Um Ihren Lebenssinn zu finden, benötigen Sie ohne Zweifel Lebensmut. Nur mit viel Mut werden sie alte Zöpfe abschneiden und zu neuen Ufern aufbrechen können. Und seien Sie sicher: Die Widerstände werden groß sein! Sie werden von der Gesellschaft, von den Kirchen, von den Eltern, von den Männern und vielleicht auch von den Kindern kommen. Haben Sie Mut und überwinden Sie sie! Jene Frauen, die sie schon überwunden haben, haben gezeigt, dass es geht. Und manche von denen, welche diese Frauen einst aufhalten wollten, zählen heute zu ihren Bewunderern. Das sollte Sie ermutigen, wenn Ihr neuer, aufregender, abenteuerreicher Lebensweg gerade erst beginnt!

Wunderschön und inspirierend hat das ein unbekannter Autor ausgedrückt, den die Kanadierin Kim Fraser in ihrem ausgezeichneten Buch „Chakra-Schutz" zitiert:

Das Leben sollte keine organisierte Reise zum Grab sein,
Das wir sicher und ohne Zwischenfälle in einem attraktiven
Und gut erhaltenen Körper erreichen.
Eher auf Abwege geraten,
Champagner in der einen, Erdbeeren in der anderen Hand,
Der Körper gründlich verbraucht,
Mit offenem Herzen,
Ungebundenem Geist,
Sich emporschwingender Seele,
Völlig erschöpft schreiend:
„Juhu, welch eine Fahrt!"

12.

21 Fragen, die Sie sich stellen könnten

Ich möchte dieses Buch nicht beenden, indem ich Ihnen sozusagen „21 Glücksregeln" oder „21 Erfolgsregeln für ein glückliches Leben" präsentiere. Zum einen fühle ich mich dazu nicht berufen, da ich selbst immer wieder Fragen stelle und auf der Suche bin; zum anderen glaube ich nicht an „Erfolgskonzepte" oder „Glücksregeln". Das LEBEN ist viel zu mannigfaltig und bunt, um es in ein starres Schema zu pressen.

Die nachstehenden „21 Fragen" haben sich aus vielen Beratungsgesprächen und aus einer gewissen Lebenserfahrung herauskristallisiert. Sie werden in der einen oder anderen Form immer wieder gestellt; und die Tatsache, dass sie gestellt werden, deutet immer auf eine gewisse Grundproblematik. Auf diese verweist dann auch der nachstehende kurze Kommentar. Vielleicht hilft es Ihnen auf Ihrem ganz persönlichen Weg, wenn auch Sie sich die eine oder andere Frage einmal ganz ehrlich stellen. Und dann natürlich auch vorbehaltlos ehrlich beantworten!

1 *Wenn Sie, so ehrlich Sie es vermögen, auf Ihr Leben schauen, würden Sie dann sagen, dass Sie damit zufrieden sind oder eher nicht?*

Wenn Sie hier mit einem klaren Ja antworten, dürfen Sie sich als glücklich bezeichnen. Falls Sie eher zu einem großen oder mittleren Nein tendieren, könnte es sinnvoll sein, sich jene Punkte auf einem Zettel zu notieren, die Sie eher mit Unzufriedenheit erfüllen.

---

2 *Wenn Sie die freie Wahl hätten, beruflich oder privat etwas völlig neu zu gestalten, was würden Sie als Erstes tun?*

Schauen Sie sich Ihre Wahl an! Was hindert Sie daran, dieses Ideal zu verwirklichen? Wenn Sie mit offenen Augen auf diesen Zettel blicken, dann blicken Sie auf die Quelle Ihrer Kraft. In diesem Wunsch, diesem Ideal, dieser Sehnsucht liegt Ihre ureigene Energie. Folgen Sie ihr!

---

3 *Wenn Sie auf Ihr Leben zurückblicken, welche Momente würden Sie dann als die prägenden, entscheidenden betrachten, die Sie auf Ihrem Weg vorangebracht haben?*

Seien Sie dankbar und ein wenig stolz auf diese wichtigen Ereignisse, auch wenn sie teilweise schmerzhaft gewesen sein mögen. Wenn bestimmte Menschen dabei eine wichtige Rolle gespielt haben, halten Sie sie für eine Weile liebevoll und mit Dankbarkeit in Ihrem Herzen. Gilt es vielleicht auch, jemandem zu verzeihen?

---

4 Wenn Sie bereits Momente von Glückseligkeit oder vollkommener Erfülltheit in Ihrem Leben erfahren haben, dann notieren Sie sich, wodurch sie Ihnen zuteil wurden oder mit wem Sie diese Augenblicke verbinden. Fragen Sie sich, wann Sie zuletzt wirkliches Glück und vollkommene Erfüllung erlebt haben.

Machen Sie sich eindeutig klar, ohne etwas rückblickend zu beschönigen oder zu verklären, warum diese Momente für Sie so beglückend und so wichtig waren. Diese Erlebnisse gaben Ihnen Kraft, Selbstwertgefühl, Freude und Licht auf Ihrem Weg. Nutzen Sie sie als Inspiration; aber leben Sie weiterhin im JETZT.

---

5 Wenn sie im JETZT bleiben, welche Bereiche Ihres Lebens bereiten Ihnen die größte Mühe? Mit welchen Rollen oder Funktionen in Ihrem Leben können Sie sich nur sehr schwer identifizieren?

Versuchen Sie, diese Bereiche klar und möglichst ohne die oft mit ihnen verbundenen Emotionen anzuschauen. Überlegen Sie, was Ihnen so viel Mühe bereitet. Was genau ist es, womit Sie sich nicht identifizieren können? Und wer könnte Ihnen eventuell helfen?

---

6 Wenn Sie, ohne etwas zu unterdrücken, in sich hineinlauschen, was bereitet Ihnen dann Angst? Welches sind Ihre bedrohlichsten Angst-Situationen?

Schreiben Sie jede Angst einzeln auf einen Zettel, dann müssen Sie sie nicht mehr in sich tragen, sondern können Punkt für Punkt mit jeder Angst in Kontakt kommen. Wenn Sie so vorgehen, werden Ihre Ängste durch Ihre bewusste Beobachtung an Kraft verlieren. Der größte Feind der Angst ist der klare, unverstellte, ehrliche Blick!

7 Wenn Sie für einen Moment in Ruhe überlegen: Welches sind Ihre drei wichtigsten Wünsche, die Sie im Hier und Jetzt äußern möchten?

Diese drei Wünsche repräsentieren drei wichtige Aspekte Ihres Lebens und Ihrer Persönlichkeit. Halten Sie sich jeden einzelnen deutlich vor Augen und fokussieren Sie ihn mit Ihrer ganzen Energie. Hier liegt Ihre Zukunft. Sie sehen vor sich Ihren Weg. Leben Sie das, was Sie wirklich wollen!

8 Wenn Sie Ihre Partnerschaft realistisch betrachten, wo sehen Sie ihre schönen und wo ihre unschönen (veränderungsbedürftigen!) Seiten?

Sprechen Sie das Schöne, aber auch das Unschöne offen mit Ihrem Partner an. Vielleicht sieht er es ähnlich oder auch ganz anders. Fragen Sie ihn direkt! Die Probleme lassen sich nur gemeinsam lösen. Falls nicht: Haben Sie wirklich ein Problem! Auf jeden Fall ist Ihr Mut gefragt!

9 Wenn Veränderungen ins Haus stehen, von denen Sie genau spüren, dass sie nicht zu vermeiden sind, freuen Sie sich darüber und sind neugierig, was das Leben an Neuem für Sie bereithält? Oder sind Sie in solchen Situationen eher ängstlich und verzweifelt?

Falls die zweite Variante für Sie eher zutrifft, dann versuchen Sie, Ihre Ängstlichkeit und Ihr Zögern genau zu analysieren. Seien Sie dabei vorbehaltlos ehrlich sich selbst gegenüber. Was hält Sie vor dem Aufbruch zu neuen Ufern zurück? Fassen Sie Mut, die anstehenden Veränderungen kraftvoll in Angriff zu nehmen!

---

10 *Wenn Ihr Partner einen amüsanten Abend mit einer attraktiven Frau, seiner Ex-Frau oder Ex-Freundin oder einer neuen Bekannten, verbringt – sind Sie dann am nächsten Tag „sauer" auf ihn? Wie steht es denn wirklich mit Ihrer Eifersucht?*

Machen Sie sich ein für alle Mal klar: Ihr Partner ist nicht Ihr Besitz! Er hat sich (hoffentlich!) aus freiem Willen entschieden, mit Ihnen zusammen zu sein, mit Ihnen zu leben. Achten und respektieren Sie diesen freien Willen. Er wird (hoffentlich!) wissen, warum er zurzeit sein Leben mit IHNEN verbringen will. Geben Sie ihm den Raum, das zu leben, was für ihn wichtig ist. Nur so kann Ihre Beziehung gegenseitige Selbstachtung gewinnen. Eine andere Beziehung nimmt Ihnen nichts weg! Sie können, ganz im Gegenteil, im Austausch miteinander eine neue Tiefe in Ihrer Verbindung gewinnen.

Wenn Sie noch nicht mit dieser beidseitigen Freiheit leben können, gestehen Sie es sich ein. Es hilft nichts, sich zu belügen. Aber verlieren Sie diese Perspektive einer offenen Beziehung nicht aus den Augen. Es kommt der Tag…

---

11 *Wenn Sie jemand emotional verletzt, Ihnen Unrecht zugefügt oder Ihre Mühe und gute Absicht missachtet hat – können Sie dann offen darüber sprechen und der betreffenden Person eventuell verzeihen?*

Das Verzeihen oder Vergeben ist ein unglaublich wichtiges Geschehen im menschlichen Leben! Wenn Sie eine alte Wut oder Verletzung lange mit sich herumtragen, schaffen Sie die besten Voraussetzungen, um ernsthaft zu erkranken. Sie hindern sich selbst daran, Ihre Lebensfreude neu zu entdecken und glücklich zu leben.

Wenn Sie heute keinen Kontakt mehr zu jenen Menschen haben, die Sie einst sehr verletzten, dann gehen Sie für einige Zeit in die Stille, umhüllen in Ihrem Herzen diese Vorgänge mit Licht und lassen sie los. Wenn es Ihnen möglich ist, hilft in solchen Situationen ein Gebet wirklich weiter. Schließen Sie die schmerzhafte Vergangenheit vollständig ab und öffnen Sie sich für die Kraft der Zukunft!

---

12 *Wenn Sie in bestimmten Situationen aus Angst oder Wut heraus reagiert haben und selbst einen anderen Menschen verletzt oder gekränkt haben – können Sie sich dafür entschuldigen und auch eigene Schuldgefühle loslassen?*

Schuldgefühle helfen niemandem und können schon gar kein Problem lösen! Suchen Sie das Gespräch mit der betroffenen Person, sprechen Sie offen Ihr Bedauern aus und entschuldigen Sie sich. Es kann Ihnen natürlich widerfahren, dass Ihre Entschuldigung zurückgewiesen wird; aber das ist dann nicht mehr Ihr Thema.

13 *Wenn Sie ein wenig in der Zeit nach vorne schauen: Wie stellen Sie sich dann die Beziehung mit Ihrem gegenwärtigen Partner in fünf Jahren vor? Was möchten Sie noch alles in dieser Beziehung gemeinsam erleben? Oder erschreckt Sie die Vorstellung, in fünf Jahren noch immer in dieser Partnerschaft zu leben?*

Wenn Sie dieses perspektivische Bild klar vor Ihren inneren Augen stehen haben, dann laden Sie Ihren Partner ein. Arrangieren Sie einen besonderen Abend und sprechen Sie über Ihre Vorstellungen. Vielleicht kommen interessante Vorschläge zurück? Es könnte zumindest ein inspirierender Abend werden.

Wenn Sie keine Vorstellungen von der gemeinsamen Zukunft haben oder sogar vor der Idee zurückschrecken, ist der gemeinsame Abend noch sehr viel dringlicher!

---

14 *Wenn Sie einen kuscheligen, stimmungsvollen Abend bei Kerzenlicht und gutem Wein mit Ihrem Partner verbringen – können Sie dann Ihre Weiblichkeit frei entfalten? Fühlen Sie sich als Frau von Ihrem Partner (oder auch von Ihrer Partnerin) angenommen und geschätzt?*

Wenn Sie die Frage mit einem Ja beantworten können, dann lassen Sie Ihre Schönheit und Sinnlichkeit sich in voller Pracht entfalten. Umhüllen Sie Ihren Partner damit. Lassen Sie ihn aus Ihrer Quelle trinken und nehmen im Gegenzug in Ihrer Tiefe seine Männlichkeit (oder Ihre Weiblichkeit) entgegen. Genießen Sie in vollen Zügen und ohne die geringste Einschränkung das zauberhafte Spiel von Yin und Yang. Lassen Sie aus der Begegnung zweier Pole das Elixier des Lebens hervorströmen.

Sollten Sie alles dies vermissen, dann wäre es höchste Zeit, ein Gespräch mit Ihrem Partner zu führen oder nötigenfalls eine radikale Veränderung anzustreben.

---

15 *Wenn Sie einen freien Tag nur für sich alleine haben, können Sie diesen ohne Gedanken an Pflichten oder Aufgaben uneingeschränkt genießen? Können Sie in dieser Zeit nach innen schauen und ganz in Ihrer Mitte sein?*

Sollte es Ihnen Mühe bereiten, die Routine des Alltags loszulassen und abzuschalten, dann versuchen Sie, Wege oder kleine Rituale zu kreieren, die es Ihnen ermöglichen, in Ihre Mitte zu kommen. Es ist alle Mühe wert, sich einen Tag oder einige Stunden der Stille einzurichten, in denen Sie ganz mit sich allein sein können, um zur Quelle Ihres Wesens zu gehen. Sie werden Freude und Kraft dort finden.

Diese Übung ist für Frauen mit Kindern geradezu überlebenswichtig!

---

16 *Wenn Sie die Entscheidung getroffen haben, etwas Neues zu unternehmen (einen Kurs, ein Seminar, ein Wellness-Wochenende nur für sich etc.), Ihre Familie aber dagegen ist, haben Sie dann den Mut, sich ohne Zweifel und Schuldgefühle durchzusetzen?*

Wenn Sie es können – wunderbar! Wenn Zweifel oder Schuldgefühle aufkommen, prüfen Sie genau, wo ihr Ursprung liegt. Ist es wirklich Druck von außen oder sind diese Einwände eigentlich nur vorgeschoben, weil es Ihnen an innerer Sicherheit und Klarheit mangelt? Gehen Sie mutig Ihren Weg! Ihre Umgebung wird letztlich nur davon profitieren, wenn Sie SIE SELBST SIND!

---

17 *Wenn Sie in Ihrem Leben durch eine sehr schwierige Phase gehen, in der es keinen Erfolg und kein Glück zu geben scheint, sondern nur Probleme, Schwierigkeiten und Widerstände – versuchen Sie dann zu kämpfen und einen verborgenen Sinn hinter allem zu finden oder geben Sie eher auf und versinken in Melancholie und Depression?*

In unserem heutigen amerikanisierten Sprachgebrauch haben sich zwei Sprüche durchgesetzt, die in der Tat hilfreich sein können: „Never give up!" (Gib niemals auf!) und „Keep on keeping on!" (Gehe unerschrocken Deinen Weg weiter!) Schreiben Sie, wenn Sie in Ihrem Leben durch eine solche „dunkle Phase" hindurchgehen, diese beiden Sprüche (in welcher Sprache auch immer) auf einen Zettel und tragen Sie diesen immer bei sich! Sie werden eine Überraschung erleben und etwas Wichtiges über die Kraft der Gedanken lernen!

---

18 *Wenn Sie einer ganz neuen Einsicht oder einer Ihnen bisher gänzlich unvertrauten Sicht auf das Leben begegnen, sind Sie dann offen für dieses Neue oder neigen Sie eher dazu, am Alten, Vertrauten festzuhalten?*

Sie müssen sich vielleicht zwischen Sicherheit und Lebensmut entscheiden. Lassen Sie den „Wind des Lebens" durch Ihren Alltag wehen! Es gibt nichts Schrecklicheres, als nach zehn Lebensjahren zurückzublicken und feststellen zu müssen, dass man mehr oder weniger noch immer dieselbe ist, die man vor zehn Jahren auch schon war.

Seien Sie mutig und lassen Sie sich auf das Neue mit großer Neugier für das LEBEN ein!

---

19 *Wenn Ihnen das Kapitel über die „Chakras" einige neue Einsichten geschenkt hat, überprüfen Sie doch einmal: Welche Energie-Zentren fühlen sich stark an und wo haben Sie den Eindruck, noch auf Defizite zu stoßen?*

Gehen Sie jene Bereiche aktiv an, in denen Sie noch Schwachpunkte verspüren. Arbeiten Sie gezielt mit Farben, etwa in der Kleiderwahl oder durch die Verwendung von „Aura-Soma-Flaschen". Sie werden überrascht sein, wie schnell der Farbimpuls „Farbe in Ihr Leben" bringen wird!

---

20 *Wenn Sie, was heutzutage immer häufiger vorkommt, gerade in einer „Dreiecks-Beziehung" leben, können Sie ohne Aggression damit umgehen? Können Sie, ohne zu verurteilen oder zu kritisieren, versuchen zu verstehen, was Ihnen diese Situation sagen will oder welche Entscheidungen für Sie anstehen?*

Da Beziehungen jener Bereich unseres Lebens sind, dem wir praktisch nicht „entfliehen" können, stellen sie die größte Herausforderung für uns dar. Sie zeigen uns schonungslos auf, wo unsere Schwächen liegen, wo wir noch lieblos sind und wo unser Egoismus dominiert.

Seien Sie also dankbar für jede Herausforderung; denn Sie bietet Ihnen eine wunderbare Wachstumsmöglichkeit. Prüfen Sie sich innerlich, wer Sie selbst sind und was Sie selbst leben möchten. Überwinden Sie Besitzansprüche und Eifersucht, denn Sie werden Ihnen nicht weiterhelfen. Finden Sie Ihre innere Freiheit und gestalten Sie Ihr Leben selbstbestimmt. Wenn Sie aus Ihrer Mitte heraus zu lieben vermögen, ist es weitgehend unerheblich, in welchen gesellschaftlichen Konstellationen Sie dies tun.

21 Wenn Sie nächsten Monat die Möglichkeit haben, eine Woche Urlaub ganz nach Ihren Wünschen und Vorstellungen zu machen (und ohne auf irgendwelche Verpflichtungen Rücksicht nehmen zu müssen!), wie würden Sie diese Woche gestalten? Mit wem möchten Sie diese Zeit am liebsten verbringen?

Die Antwort auf diese Frage sollten Sie vielleicht niemandem zeigen. Es genügt, wenn Sie sie in Ihrem Herzen bewahren. Aber haben Sie den Mut, für sich daraus die Konsequenzen zu ziehen!

Schlussfrage:

Wenn Sie aus diesen „21 Fragen" drei auswählen müssten: Welche erscheinen Ihnen die drei wichtigsten für Ihr Leben zu sein? Schreiben Sie diese drei auf einen Zettel und bewahren Sie ihn gut auf: Sie haben den „Leitfaden" für Ihre Zukunft gefunden!

Kontakt zur Autorin:

Sie erreichen Dr. Katarina Michel über die
„Lichtwelten"
Bruderturmgasse 6
78462 Konstanz
Tel. 07531-15700
www.lichtwelten-konstanz.de